新型职业农民培育系列教材

农民素养与
现代生活知识读本

◎林 海 张现丛 黎奕芳 主编

中国农业科学技术出版社

图书在版编目（CIP）数据

农民素养与现代生活知识读本／林海，张现丛，黎奕芳主编.
—北京：中国农业科学技术出版社，2016.10
ISBN 978-7-5116-2787-2

Ⅰ.①农… Ⅱ.①林…②张…③黎… Ⅲ.①农民-素质教育-中国 Ⅳ.①D422.6

中国版本图书馆 CIP 数据核字（2016）第 241911 号

责任编辑	贺可香
责任校对	马广洋

出 版 者	中国农业科学技术出版社
	北京市中关村南大街 12 号　邮编：100081
电　　话	（010）82106638（编辑室）　（010）82109702（发行部）
	（010）82109709（读者服务部）
传　　真	（010）82106650
网　　址	http://www.castp.cn
经 销 者	各地新华书店
印 刷 者	北京富泰印刷有限责任公司
开　　本	889mm×1 194mm　1/32
印　　张	7.75
字　　数	210 千字
版　　次	2016 年 10 月第 1 版　2016 年 10 月第 1 次印刷
定　　价	28.00 元

版权所有·翻印必究

《农民素养与现代生活知识读本》编委会

主　　编：林　海　张现丛　黎奕芳
副 主 编：陈世雷　王彦勇　代彦辉
　　　　　乔仲良　王伟华　罗映秋
　　　　　胡学飞　王义国　孙立娟
　　　　　贾现民　吴圣民　宋聪光
　　　　　王利峰　王志成　王洪亮
编写人员：孙艳艳　穆艳丽　桂宝菊
　　　　　徐　雷　张　炬

前　　言

古往今来，人才都是富国之本。兴邦大计则要尽快提高农民的文化素质和科技意识，才能不断推广大批先进实用的农业科技成果，为农业和农村经济的发展提供有力的科技支撑。习近平总书记指出，要加快构建职业农民队伍，形成一支高素质农业生产经营者队伍；持续推进农业和农村经济结构调整，大力发展农业关键技术。

科学合理的现代生活是实现人的全面发展的必然要求。当前农村传统生活方式虽然发生了很大变化，但习惯的变化是很难的，现实情况远远不能满足农民的精神文化生活需要，制约农业的发展。为此，笔者编写了本书。

本书尽量拓宽知识面，增加信息量，很少涉及偏深偏难又不实用的内容，紧跟政策与科学技术的发展。本书包括：新型农民的生活素养、新型农民的品牌意识、新型农民法律素养、新型农民的创业素养、新型农民信息素养、新型农民产业化经营意识、新型农民科学技术推广意识、职业农民基层民主意识、提高新型农民素养的对策与途径、美化乡风民风、形成优良家风、文明乡风、新乡贤文化、美化农村人居环境、美化农村文化等内容。

由于编者水平所限，加之时间仓促，书中不尽如人意之处在所难免，恳切希望广大读者和同行不吝指正。

编　者

2016 年 10 月

目 录

农民素养篇

第一章 新型农民的生活素养 ……………………………（1）
  第一节 保护和美化环境，净化生活空间 ……………（1）
  第二节 保持身心健康 …………………………………（2）

第二章 新型农民的品牌意识 ……………………………（10）
  第一节 无公害农产品生产 ……………………………（10）
  第二节 绿色食品与有机食品的生产 …………………（16）
  第三节 中国名牌农产品的申请、评选认定程序 ……（26）

第三章 新型农民法律素养 ………………………………（29）
  第一节 职业农民的法规知识 …………………………（29）
  第二节 农民专业合作社的政策法规 …………………（35）

第四章 新型农民的创业素养 ……………………………（42）
  第一节 抢抓农业创业的机遇 …………………………（42）
  第二节 确定农业创业项目 ……………………………（42）
  第三节 制订创业计划 …………………………………（45）
  第四节 实施创业计划 …………………………………（48）

第五章 新型农民信息素养 ………………………………（51）
  第一节 农业经营信息来源 ……………………………（51）
  第二节 收集农业信息时需要注意的问题 ……………（55）
  第三节 农业生产经营需要发布的信息 ………………（59）
  第四节 发布信息的渠道 ………………………………（60）

第五节　发布信息需要注意的问题 …………………… (62)
第六章　新型农民产业化经营意识 ………………………… (64)
　第一节　农业产业化经营概念 ………………………… (64)
　第二节　农业产业化经营模式 ………………………… (64)
　第三节　发展农业产业化经营、建立健全体系机制
　　　　　…………………………………………………… (66)
第七章　新型农民科学技术推广意识 ……………………… (70)
　第一节　农业技术推广的方针和原则 ………………… (70)
　第二节　农业技术推广体系 …………………………… (72)
　第三节　农业技术的推广与应用 ……………………… (73)
第八章　职业农民基层民主意识 …………………………… (76)
　第一节　农村基层民主与村民自治 …………………… (76)
　第二节　人民调解 ……………………………………… (79)
第九章　提高新型农民素养的对策与途径 ………………… (89)
　第一节　新型职业农民的素质培育机构、对象和组织
　　　　　培训 …………………………………………… (89)
　第二节　培育新型职业农民素质的途径和方法 ……… (92)

现代生活篇

第十章　美化民俗乡风 ……………………………………… (96)
　第一节　汉族农业民俗 ………………………………… (96)
　第二节　少数民族农业民俗 …………………………… (101)
　第三节　农业民俗与旅游 ……………………………… (113)
第十一章　形成优良家风 …………………………………… (118)
　第一节　家风的概述 …………………………………… (118)

第二节	家风的含义	(119)
第三节	形成优良家风的重要性	(121)
第四节	好家风有助于提高自我素质修养	(124)
第五节	好家风是正能量的源头	(127)
第六节	良好家风不可或缺的基本要素与根本要求 (130)

第十二章 文明乡风 (147)
  第一节 人际礼仪民俗 (147)
  第二节 汉族岁时节日民俗 (169)
  第三节 中国汉族游艺民俗 (172)

第十三章 新乡贤文化 (190)
  第一节 乡贤文化的概念 (190)
  第二节 乡贤文化的特征 (192)
  第三节 乡贤文化的形态 (194)
  第四节 培育乡贤文化建设美丽乡村 (198)

第十四章 美化农村人居环境 (201)
  第一节 加强农业环境源头治理 (201)
  第二节 大力推进农村能源建设 (207)

第十五章 美化农村文化 (215)
  第一节 乡村文化建设的内涵及其重要意义 (215)
  第二节 当前乡村文化建设的现状及特点 (221)
  第三节 当前乡村文化建设的举措 (226)

参考文献 (235)

农民素养篇

第一章 新型农民的生活素养

第一节 保护和美化环境,净化生活空间

一、居室污染的来源

(1) 室内建筑和装修产生的有毒有害气体,如甲醛、苯、氨气等。

(2) 房间中的装饰和摆设,如地毯、毛毯和各种装饰物上的致病菌。

(3) 儿童的各种玩具造成的污染,如毛绒玩具中的尘螨污染、木制玩具上油漆的铅污染、塑料玩具的挥发物质等。

(4) 家中饲养宠物狗、猫等,儿童特别愿意与它们玩耍并长时间生活在一起,它们是家庭里造成细菌、真菌、病毒等生物污染的重要根源之一。

(5) 幼儿园和学校中,教室里儿童过于密集,每个儿童占有空间过小,容易使室内空气污染加重。

(6) 禽畜舍离居室太近,禽畜的排泄物通过空气传播出来的异味。

二、厨房和厕所污染的来源

(1) 病从口入,人人都懂得这个道理,可是"厨房没有厕所干净"这个现象就真让人奇怪了,然而这是铁的事实,不由你不信。美国亚利桑那大学的科学家对 15 个家庭作了历时 30 周的调查,对象是厨房和厕所的 14 个部位。研究人员对每个部位的样本作了检测后发现,厨房的剁肉板上的细菌是坐厕板的 3 倍,厨房洗碗布上的细菌是坐厕板的 100 倍。

(2) 炒菜的油烟中含有大量致癌物,剁肉板上寄生着大量的细菌,致使我们吃的饭菜中含有大量细菌和致癌物。

(3) 农村的厕所,又称茅房,一般独立于住宅之外。若按现代标准建造配有化粪池的厕所一般都可达到卫生标准;但传统的茅房可以滋生许多病菌。

三、家庭保洁措施

(1) 居室应尽可能地简单装修,每日开窗通风,定期打扫。
(2) 尽可能地使用木制家具和棉麻类的天然衣物。
(3) 尽量不养宠物;家养禽畜的圈舍要独立于房屋的主体之外。
(4) 厨房的用具每次用完后要清洗干净。
(5) 若是传统的茅房则要定期用石灰消毒。
(6) 衣被要定期置于太阳下暴晒。

第二节 保持身心健康

随着时代的发展和科学技术的进步,温饱问题逐渐得到解决,慢慢步入了小康社会,人们也就越来越重视自己的健康。因为没有健康,就无法拥有财富、爱情和幸福,也等于失去一切。究竟什么是健康呢？一般人不一定完全了解，因为健康并不单单是以前大家理解的所谓不生病就是健康。

1946年，世界卫生组织就明确指出：健康不仅是没有疾病或虚弱，它是一种在躯体上、心理上和社会等各个方面都能保持完全和谐的状态。可见，全面健康至少应包括身体健康和心理健康两个方面，二者密切相关，无法分割；而具有社会适应能力也是国际上公认的心理健康的首要标准，即要求个体的各种活动和行为能适应复杂的环境变化，与他人相处和谐。三者缺一不可，这就是健康概念的精髓。

一、职业农民心理健康的标准

（一）了解自我，悦纳自我

一个心理健康的人能体验到自己的存在价值，既能了解自己，又能接受自己，对自己的能力、性格和优缺点都能做出恰当的、客观的评价；对自己不会提出苛刻的、非分的期望与要求；对自己的生活目标和理想也能定得切合实际，因而对自己总是满意的；同时，努力发展自身的潜能，即使对自己无法补救的缺陷，也能安然处之。一个心理不健康的人则缺乏自知之明，并且总是对自己不满意；由于所定目标和理想不切实际，主观和客观的距离相差太远而总是自责、自怨、自卑；由于总是要求自己十全十美，而自己却又总是无法做到完美无缺，于是就总是同自己过不去，结果是使自己的心理状态永远无法平衡，也无法摆脱自己感到将要面临的心理危机。

（二）接受他人，善与人处

心理健康的人乐于与人交往，不仅能接受自我，也能接受他人、悦纳他人，能认可别人存在的重要性和作用，同时也能为他人所理解，为他人和集体所接受，能与他人相互沟通和交往，人际关系协调和谐。在生活的集体中能与大家融为一体，既能在与挚友同聚之时共享欢乐，也能在独处沉思之时而无孤独之感。因而在社会生活中有较强的适应能力和较充足的安全感。一个心理不健康的人，总是自外于集体，与周围的人们格格不入。

（三）正视现实，接受现实

心理健康的人能够面对现实，接受现实，并能主动地去适应现实，进一步地改造现实，而不是逃避现实。能对周围事物和环境做出客观的认识和评价，并能与现实环境保持良好的接触，既有高于现实的理想，又不会沉湎于不切实际的幻想与奢望中，同时对自己的力量有充分的信心，对生活、学习和工作中的各种困难和挑战都能妥善处理。心理不健康的人往往以幻想代替现实，而不敢面对现实，没有足够的勇气去接受现实的挑战，总是抱怨自己"生不逢时"或责备社会环境对自己不公而怨天尤人，因而无法适应现实环境。

（四）热爱生活，乐于工作

心理健康的人能珍惜和热爱生活，积极投身于生活，并在生活中尽情享受人生的乐趣，而不会认为是重负。他们还在工作中尽可能地发挥自己的个性和聪明才智，并从工作的成果中获得满足和激励，把工作看做乐趣而不是负担；同时也能把工作中积累的各种有用的信息、知识和技能存储起来，便于随时提取使用，以解决可能遇到的新问题，克服各种各样的困难，使自己的行为更有效率，工作更有成效。

（五）能协调与控制情绪，心境良好

心理健康的人，愉快、乐观、开朗、满意等积极情绪总是占优势的，虽然也会有悲、忧、愁、怒等消极情绪体验，但一般不会长久；同时能适度地表达和控制自己的情绪，喜不狂、

忧不绝、胜不骄、败不馁，谦而不卑，自尊自重。他们在社会交往中既不妄自尊大，也不退缩畏惧；对于无法得到的东西不过于贪求，争取在社会允许范围内满足自己的各种需要；对于自己能得到的一切感到满意，心情总是开朗、乐观的。

（六）人格完整和谐

心理健康的人，其人格结构包括气质、能力、性格和理想、信念、动机、兴趣、人生观等各方面能平衡发展。人格作为人的整体的精神面貌，能够完整、协调、和谐地表现出来；思考问题的方式是适中和合理的，待人接物能采取恰当灵活的态度，对外界刺激不会有偏颇的情绪和行为反应；能够与社会的步调合拍，也能和集体融为一体。

（七）智力正常，智商在 80 以上

智力正常是人正常生活最基本的心理条件，是心理健康的重要标准。智力是人的观察力、记忆力、想象力、思考力和操作能力的综合。一般常用智力测验来诊断智力发展的水平。智商低于 70 者为智力低下。

（八）心理行为符合年龄特征

在人的生命发展的不同年龄阶段，都有相对应的不同的心理行为表现，从而形成不同年龄阶段独特的心理行为模式。心理健康的人应具有与同年龄多数人相符合的心理行为特征。如果一个人的心理行为经常严重偏离自己的年龄特征，一般是心理不健康的表现。

二、职业农民的养生之道

养生是一项系统性活动，需要从多方面入手，不能只注重一个方面而忽视其他方面，要根据自己的身心条件，去选择适合本人的养生方法。尽管方法很多，但归纳起来，主要有调控养生、文化养生、运动养生、饮食养生、药物养生五方面的内容。

调控养生是通过对心理平衡的调节和生活起居的周密安排，达到健康长寿的目的。主要是调控精神、调控动静、调控饮食，人的精神因素是人生命活动的一根支柱，它直接影响人的生活和健康。性格开朗、心情舒畅、豁达乐观的精神可以起到增强人的整个精神系统的统率作用，使机体各器官的活动协调一致，内分泌正常，新陈代谢良好，有益怯病延寿。反之，精神紧张、情绪压抑、忧郁苦闷，则会导致人的精神系统功能的紊乱、内分泌失调、免疫力下降，导致人身体虚弱而患疾病。运动使生命之钟走得更准确更长久，运动可以提高免疫力，促进消化吸收与新陈代谢，使人的体格健壮，精力充沛，减少各种疾病。饮食是维持生命所必需的，合理的饮食习惯有利于健康，可延年宜寿。

（一）春季饮食要养"阳"

也就是说，在饮食方面，适宜多吃些能温补阳气的食物。以葱、蒜、韭、蓼、蒿、芥、大枣、山药等辛嫩之菜，杂和而食。进入温暖的春天，我们的身体在此时也在发生着一些变化，春季养生要注重养肝。立春时节，人体的生理变化主要是：一是气血活动加强，新陈代谢开始旺盛；二是肝主藏血、肝主疏泄的功能逐渐加强，人的精神活动也开始变得活跃起来。立春养肝除了注意饮食、起居、运动外，情绪的好坏也很重要。因为春季阳气生发速度开始多于阴气的速度，所以，肝阳、肝火也处在了上升的势头，需要适当地释放。肝是喜欢疏泄讨厌抑郁的，生气发怒就容易肝脏气血淤滞不畅而导致各种肝病，"怒伤肝"就是这个道理。进入春天后，保持心情舒畅，就能让肝火流畅地疏泄出去，如果常常发脾气特别是暴怒，就会导致肝脏功能波动，使火气旺上加旺，火上浇油，伤及肝脏的根本。所以，春季一定要做到心平气和、乐观开朗，如果生气了，要学会息怒，即使生气也不要超过3分钟。

（二）夏季饮食要消"火"

增加一些苦味食物。苦味食物中所含的生物碱具有消暑清热、促进血液循环、舒张血管等药理作用。热天适当吃些苦瓜、苦菜，以及啤酒、茶水、咖啡、可可等苦味食品，不仅能清心除烦、醒脑提神，且可增进食欲、健脾利胃。营养学家建议：高温季节最好每人每天补充维生素 B_1、维生素 B_2 各 2 毫克，维生素 C 50 毫克，钙 1 克，这样可减少体内糖类和组织蛋白的消耗，有益于健康。也可多吃一些富含上述营养成分的食物，如西瓜、黄瓜、番茄、豆类及其制品、动物肝肾、皮等，亦可饮用一些果汁。

不可过食冷饮和饮料，气候炎热时适当吃一些冷饮或喝饮料，能起到一定的祛暑降温作用。雪糕、冰砖等是用牛奶、蛋粉、糖等制成的，不可食之过多，过食会使胃肠温度下降，引起不规则收缩，诱发腹痛、腹泻等疾患。饮料品种较多，大都营养价值不高，还是少饮为好，多饮会损伤脾胃，影响食欲，甚至可导致胃肠功能紊乱。

勿忘补钾，暑天出汗多，随汗液流失的钾离子也较多，由此造成的低血钾现象，会引起倦怠无力、头昏头痛、食欲不振等症状。热天防止缺钾最有效的方法，是多吃含钾食物，新鲜蔬菜和水果中含有较多的钾，可酌情吃一些草莓、杏、荔枝、桃、李子等水果；蔬菜中的青菜、大葱、芹菜、毛豆等含钾也丰富。茶叶中亦含有较多的钾，热天多饮茶，既可消暑，又能补钾，可谓一举两得。

膳食最好现做现吃，生吃瓜果要洗净消毒。在做凉拌菜时，应加蒜泥和醋，既可调味，又能杀菌，而且增进食欲。饮食不可过度贪凉，以防病原微生物乘虚而入。热天以清补、健脾、祛暑化湿为原则。应选择具有清淡滋阴功效的食品，诸如鸭肉、鲫鱼、虾、瘦肉、食用蕈类（香菇、蘑菇、平菇、银耳等）、薏米等。此外，亦可进食一些绿豆粥、扁豆粥、荷叶粥、薄荷粥等"解暑药粥"，有一定的祛暑生津功效。

(三) 秋季饮食要重"润"

秋季饮食重在养肺润燥，少吃辛辣油腻，多吃蔬菜水果。传统中医认为，秋季饮食应贯彻"少辛多酸"的原则，以平肺气、助肝气，以防肺气太过胜肝，使肝气郁结。尽可能少食用葱、姜、蒜、韭、椒等辛味之品，不宜多吃烧烤，以防加重秋燥症状。秋季也最易便秘，应当多吃蔬菜、水果，可以多食用芝麻、糯米、蜂蜜、荸荠、葡萄、萝卜、梨、柿子、莲子、百合、甘蔗、菠萝、香蕉、银耳等。

秋季养生适宜多摄取的食物有如下几类：一是养肺润燥平补的食物：鸭肉、猪肉、猪肺、泥鳅、鹌鹑蛋、牛奶、花生、杏仁、山药、白木耳、百合、冰糖、蜂蜜、无花果、胡萝卜等；二是清肺润燥的食物：鸭蛋、白萝卜、菠菜、冬瓜、丝瓜、白菜、蘑菇、紫菜、梨子、柿子、柿饼、罗汉果、橙子、柚子等；三是秋燥引起肺气虚时，可多选用百合、薏米、淮山药、蜂蜜等补益肺气；肺阴虚时应多选用核桃、芡实、瘦肉、蛋类、乳类等食物滋养肺阴；如伤及胃阴肝肾阴精时，可用芝麻、雪梨、藕汁及牛奶、海参、猪皮、鸡肉等分别滋养胃阴及肝肾阴精。

(四) 冬季饮食要重"补"

冬令进补，是我国传统的防病强身、扶持虚弱的自我保健方法之一。冬季，气候寒冷，阴盛阳衰。人体受寒冷气温的影响，机体的生理功能和食欲等均会发生变化。由于中老年人生理上的变化，在隆冬季节，对于高压低温气候的调节适应能力，远比青年人为差，容易影响体内平衡，产生血管舒缩功能障碍，从而引起种种不适或疾病。因此，在注意生活起居等方面养生的同时，合理地调整饮食，保证人体必需营养素的充足，对提高老人的耐寒能力和免疫功能，使之安全、顺利地越冬，是十分必要的。养生专家给出了如下建议。

冬季饮食应保证能量的供给，冬季气候寒冷，阴盛阳衰。人体受寒冷气温的影响，肌体的生理功能和食欲等均会发生变化。因此，合理地调整饮食，保证人体必需营养素的充足，对于提高老人的耐寒能力和免疫功能，是十分必要的。老年人在冬季进补时，首先要保证热能的供给。冬天的寒冷气候影响人体的内分泌系统，使人体热量散失过多。老年人冬天晨起服人参酒或黄芪酒一小杯，可防风御寒活血。体质虚弱的老年人，冬季常食炖母鸡、精肉、蹄筋，常饮牛奶、豆浆等，可增强体质。将牛肉适量切小块，加黄酒、葱、姜，用砂锅炖烂，食肉喝汤，有益气止渴、强筋壮骨、滋养脾胃之功效。阳气不足的老人，可将羊肉与萝卜同煮，然后去掉萝卜（即用以除去羊肉的膻腥味），加肉苁蓉15克、巴戟肉15克、枸杞子15克同煮，食羊肉饮汤，有兴阳温运之功效。

第二章　新型农民的品牌意识

第一节　无公害农产品生产

一、无公害农产品

无公害农产品是指产地环境、生产过程、产品质量符合国家有关标准和规定的要求，经认证合格获得认证证书并允许使用无公害农产品标志的未经加工或初加工的食用农产品。其农产品中残留的农药、重金属、有害微生物等物质不超过国家允许标准。具体讲无公害农产品是"三个不超标"：一是农药残留不超标，不能含有禁用的高毒农药，其他农药残留不超过国家规定的允许标准；二是硝酸盐、亚硝酸盐含量不超标；三是病原微生物等有害物质不超过规定允许量，不影响人的健康。

无公害农产品注重产品的安全质量，其标准要求不是很高，涉及的内容也不是很多，适合我国当前的农业生产发展水平和国内消费者需求，对于多数生产者来说，达到这一要求不是很难。当代农产品生产需要由普通农产品发展到无公害农产品，再发展至绿色食品或有机食品，绿色食品跨接在无公害食品和有机食品之间，无公害食品是绿色食品发展的初级阶段，有机食品是质量更高的绿色食品。

二、无公害农产品标准与生产

无公害农产品标准是无公害农产品认证和质量监管的基础,其主要由环境质量、生产技术、产品质量标准三部分组成,其中产品质量标准、环境标准和生产资料使用标准为强制性国家及行业标准,生产操作规程为推荐性国家行业标准。截至2007年,农业部共制定无公害食品标准386个,使用277个:产品标准127个,产地环境标准20个,投入品使用标准7个,生产管理技术规程标准117个,认证管理技术规范类标准6个。

(一) 无公害农产品生产基本原则

1. 统一完善的系统管理原则

无公害农产品生产是从生产到市场的全过程控制与管理,涉及无公害农产品的每个环节都应纳入控制与管理之中,要建章立制,有章可循,做到生产有规程,产品有标志,认证有程序,市场有监管,过程有记录,确保无公害农产品的质量控制在严格管理之中,使无公害农产品的质量要求和产品信誉有可靠的保证。

2. 严谨规范的生产技术原则

无公害农产品的环境品质独特性是其生产技术独特性所决定的,只有严谨规范的生产技术,才有符合特定标准的无公害农产品。无公害农产品是丰富多样的,具体到每种产品都应有与之相对应的产地、产品环境标准和生产全过程的操作规程配套。对无公害农产品生产影响甚大的外部环境如产地有无工业"三废"污染源,生产内部环境如土壤重金属背景值是否过高,农药、化肥、除草剂等农资的环境负效应在产品中的富积与残留,都必须按标准和规程要求予以科学严谨的把握,不能混同于一般的产品生产要求。

3. 循序渐进的产品生产原则

农产品丰富多样,无公害农产品生产领域非常广泛,但并不是什么农产品都要开发成无公害农产品,也不是什么农产品都同时开发成无公害农产品,要按市场规律循序渐进,不能一概而论。市场消费能力、消费观念、消费特点都有阶段性,有不同档次和层次的要求,现阶段消费市场对无公害农产品正处于培育扩大过程,在生产中必须适应它的发展。由于技术进步的渐进性,有些农产品的无公害技术还受现实技术水平限制,难以达到无公害的质量标准,故此也决定了无公害农产品的渐进性。

(二)无公害农产品生产工作要点

1. 选好基地

生态环境必须要符合无公害农产品生产标准的基地环境要求。

2. 选用良种

良种综合指标性状好,包括产量、品质、抗逆性(旱、涝、病虫)等,而不是单一。

3. 辅以良法

良好的栽培措施,既要发扬传统的技术,又要有创新的技术,包括合理密植、适时播种、配方施肥,科学、合理、安全地用农药防治病虫害,使作物既能按其性状生长,又可获得高产量、品质好的产品,而不应该人为地改变其原有的性状或简单的技术叠加。

4. 科学、合理、安全地使用农药

农产品的污染,90%以上来自农药的污染,其次才是肥料、水土及贮藏等环节。

(三) 无公害农产品生产技术保障措施

无公害农产品生产基地环境控制技术

无公害农产品开发是将生产建设与环境保护于一体的生态农业发展到一定阶段的产物。无公害农产品以生态农业为技术保障,生态农业以无公害农产品为市场载体,从而形成以产品开发带动生态农业,以生态农业建设促产品开发的良性发展机制。因此,无公害农产品开发基地应建立在生态农业建设区域之中,在生态农业建设中强化无公害技术份额。具体地说,其基管理技术规程标准117个,认证管理技术规范类标准6个。

(四) 无公害农产品生产工作要点

1. 选好基地

生态环境必须要符合无公害农产品生产标准的基地环境要求。

2. 选用良种

良种综合指标性状好,包括产量、品质、抗逆性(旱、涝、病虫)等,而不是单一。

3. 辅以良法

良好的栽培措施,既要发扬传统的技术,又要有创新的技术,包括合理密植、适时播种、配方施肥,科学、合理、安全地用农药防治病虫害,使作物既能按其性状生长,又可获得高产量、品质好的产品,而不应该人为地改变其原有的性状或简单的技术叠加。

4. 科学、合理、安全地使用农药

农产品的污染,90%以上来自农药的污染,其次才是肥料、水土及贮藏等环节。

(五) 无公害农产品生产技术保障措施

1. 无公害农产品生产基地环境控制技术

无公害农产品开发是将生产建设与环境保护于一体的生态农业发展到一定阶段的产物。无公害农产品以生态农业为技术保障，生态农业以无公害农产品为市场载体，从而形成以产品开发带动生态农业，以生态农业建设促产品开发的良性发展机制。因此，无公害农产品开发基地应建立在生态农业建设区域之中，在生态农业建设中强化无公害技术份额。具体地说，其基地在土壤、大气、水质上必须符合无公害农产品产地环境标准，其中土壤主要是重金属指标，大气主要是硫化物、氮化物和氟化物等指标，水质主要是重金属、硝态氮、全盐量、氯化物等指标。无公害农产品产地环境评价是选择无公害农产品基地的标尺，只有通过其环境评价，才具有生产无公害农产品的条件和资格。

2. 无公害农产品生产过程控制技术

无公害农产品的生产过程控制主要是农用化学物质使用限量的控制及替代过程，重点是农药和肥料施用。病虫害防治要以不用或少用化学农药为原则，强调以预防为主，综合防治。肥料施用强调以有机肥为主，以底肥为主，按土壤养分库动态平衡需求调节肥量和用肥品种。在生产过程中制定相应的无公害生产操作规范，建立相应的文档、备案待查。

（1）科学用药。一是要对症下药防治污染；二是要抓住时机，及时用药；三是要适宜的农药剂型，正确的施药方法；四是要合理混用，交替使用，提高药效；五是要保护天敌和注意农药安全间隔期，一般收获前20天内禁止喷施化学农药。

（2）农业防治。一是要积极引进培育和推广优良品种；二是要调节播种期；三是要抓好种子处理；四是要合理间作、套种和轮作；五是要深耕和冬耕；六是要合理密植，加强通风；七是抓好嫁接育苗，如黄瓜利用黑籽南瓜作砧木嫁接育苗，可防止枯萎病的发生；八是要清洁田园，加强水肥管理。

（3）生物防治。生物防治是利用有益的生物消灭有害的生物的病虫害防治措施，它包括以虫治虫、以菌治虫，以病毒治虫，以菌治菌，以病毒治病毒等，目前生物农药很多，如Bt乳剂、农抗120等。

（4）物理防治。利用光、温、器具等进行防治病虫害的措施称为物理防治，如在温室大棚中利用40~50℃的高温防治瓜类霜霉病；利用银灰色薄膜避蚜防病毒；夏季闲棚高温进行土壤消毒；利用黏虫板、诱虫灯杀虫等。

（5）无公害农作物施肥措施。一是重施有机肥。有机肥养分全、肥效迟、供肥时间长，可以提供农作物所需的各种养分，增强土壤养分的缓冲能力和保肥能力，防止和延缓土壤有盐渍化的过程；能改善土壤微生物结构和理化性能，增加土壤的通透性和透水性；改善土壤微生物生存环境，增加微生物的种类和活性，促进各类微生物均衡生长。二是科学平衡使用化学肥料，要根据农作物的需肥规律、土壤养分状况、肥料的特性，在施用有机肥的前提下，提供氮、磷、钾及钙、镁等微量元素的适宜配比和相应的施肥技术，提倡使用专用肥和生物肥（根瘤菌肥、固氮菌肥、解磷菌肥等），收获前20天内禁止使用化学肥料。

3. 无公害农产品质量控制技术

无公农产品最终体现在产品的无公害化。其产品可以是初级产品，也可能是加工产品，其收获、加工、包装、贮藏、运输等后续过程均应制定相应的技术规范和执行标准。产品是否无公害要通过检测来确定。无公害农产品首先在营养品质上应是优质，营养品质检测可以依据相应检测机构的结果，而环境品质、卫生品质检测要在指定机构进行。

第二节 绿色食品与有机食品的生产

一、绿色食品生产

绿色食品是指在无污染的生态环境中种植及全过程标准化生产或加工的农产品，严格控制其有毒有害物质含量，使之符合国家健康安全食品标准，并经专门机构认定，许可使用绿色食品标志的食品。

中国农业部规定了绿色食品的名称、标准及标志。绿色食品必须同时具备以下条件。

（1）产品或产品原料产地必须符合绿色食品生态环境质量标准。

（2）农作物种植、畜禽饲养、水产养殖及食品加工必须符合绿色食品生产操作规程。

（3）产品必须符合绿色食品质量和卫生标准。

（4）产品外包装必须符合国家食品标签通用标准，符合绿色食品特定的包装、装潢和标签规定。

（一）绿色食品分级标准与绿色食品标志

1. 绿色食品分级标准

参照国外与绿色食品相似的有关食品标准，结合我国国情，中国绿色食品发展中心将绿色食品分为两类，即 AA 级绿色食品和 A 级绿色食品。

（1）AA 级绿色食品标准。

①环境质量标准：绿色食品大气环境质量评价，采用国家大气环境质量标准 GB 3095-82 中所列的一级标准；农田灌概

用水评价，采用国家农田灌溉水质标准 GB 5084-92；养殖用水评价采用国家渔业水质标准 GB 11607-89；加工用水评价采用生活饮用水质标准 GB 5749-85，畜禽饮用水评价采用国家地面水质标准 GB 3838-88 中所列三类标准；土壤评价采用该土壤类型背景值的算术平均值加 2 倍标准差。AA 级绿色食品产地的各项环境监测数据均不得超过有关标准。

②生产操作规程：AA 级绿色食品在生产过程中禁止使用任何有害化学合成肥料、化学农药及化学合成食品添加剂。其评价标准采用《生产绿色食品的农药使用准则》《生产绿色食品的肥料使用准则》及有关地区的《绿色食品生产操作规程》的相应条款。

③产品标准：AA 级绿色食品中各种化学合成农药及合成食品添加剂均不得检出，其他指标应达到农业部 A 级绿色食品产品行业标准（NY/T 268-95 至 NY/T 292-95）。

④包装标准：AA 级绿色食品包装评价采用有关包装材料的国家标准、国家食品标签通用标准 GB 7718-94 及农业部发布的《绿色食品标志设计标准手册》及其他有关规定。绿色食品标志与标准字体为绿色，底色为白色。

（2）A 级绿色食品标准。

①环境质量标准：A 级绿色食品的环境质量评价标准与 AA 级绿色食品相同，但其评价方法采用综合污染指数法，绿色食品产地的大气、土壤和水等各项环境监测指标的综合污染指数均不得超过 1。

②生产操作规程：A 级绿色食品在生产过程中允许限量使用限定的化学合成物质，其评价标准采用《生产绿色食品的农药使用准则》、《生产绿色食品的肥料使用准则》及有关地区的《绿色食品生产操作规程》的相应条款。

③产品标准：采用农业部 A 级绿色食品产品行业标准

(NY/T 268-95 至 NY/T 292-95)。

④包装标准：A 级绿色食品包装评价采用有关包装材料的国家标准、国家食品标签通用标准 GB 7718-94 及农业部发布的《绿色食品标志设计标准手册》及其他有关规定。绿色食品标志与标准字体为白色，底色为绿色。

所有申报经营主体，其产地环境、生产过程、产品质量和包装、运输等上述四个环节全部符合相应的绿色食品标准要求，才能获得绿色食品标志使用权。这种完整的标准体系和认证过程真正体现了"全程质量控制"的理念。

2. 绿色食品标志

绿色食品标志是一个质量证明商标，属知识产权范畴，受《中华人民共和国商标法》保护，并按照《中华人民共和国商标法》《集体商标、证明商标注册和管理条例》和《农业部绿色食品标志管理办法》开展监督管理工作。

按商标法有关规定，具备条件可申请使用绿色食品标志的产品有以下 5 类。

一是肉、非活的家禽、野味、肉汁、水产品、罐头食品、腌渍、干制水果及制品、腌制、干制蔬菜、蛋品、奶及乳制品、食用油脂、色拉、食用果胶、加工过的坚果、菌类干制品、食物蛋白等。

二是咖啡、咖啡代用品、可可、茶及茶叶代用品、糖、糖果、南糖、蜂蜜、糖浆及非医用营养食品、面包、糕点、代乳制品、方便食品、面粉等五谷杂粮、面制品、膨化食品、豆制品、食用淀粉及其制品、饮用冰、冰制品、食盐、酱油、醋、芥末、味精、沙司等调味品、酵母、食用香精、香料、家用嫩肉剂等。

三是未加工的林业产品、未加工的谷物及农产品、花卉、园艺产品、草木、活生物、未加工的水果及干新鲜蔬菜、种子、动物饲料等。

四是啤酒、不含酒精饮料、糖浆及其他供饮料用的制剂。

五是含酒精的饮料（除啤酒外）。

（二）绿色食品生产操作规程

绿色食品生产操作规程包括农产品种植、畜禽饲养、水产养殖和食品加工等操作规程。

1. 种植业生产的操作规程

种植业的操作规程是指农作物的播种、施肥、浇水、喷药及收获等各个生产环节中必须遵守的规定。其无公害生产控制有以下主要内容。

（1）植保方面。农药的使用在种类、使用浓度、时间、残留量方面都必须符合《生产绿色食品的农药使用准则》。

（2）作物栽培方面。肥料的使用必须符合《生产绿色食品的肥料使用准则》，化学合成的肥料和化学合成生长调节剂的使用，必须限制在不对环境和作物质量产生不良后果、不使作物产品有毒物质残留积累到影响人体健康的限度内。有机肥的施用量必须达到保持或增加土壤有机质含量的程度。

（3）品种选育方面。选育的品种尽可能地适应当地土壤和气候条件，并对病虫害有较强的抵抗力。

2. 畜牧业生产操作规程

畜牧业生产的操作规程是指畜禽在选种、饲养、防治疾病等环节必须遵守的规定。无公害生产控制的主要内容如下。

（1）必须饲养适应当地生长条件的种畜种禽。

（2）饲料原料应主要来源于无公害区域内的草场和种植基地，饲料添加剂的使用必须符合《生产绿色食品的饲料添加剂使用准则》。

（3）畜禽房舍内不得使用毒性杀虫、灭菌、防腐药物。

（4）不可对主畜禽使用各类化学合成激素、化学合成促生长素、有机磷和有机药物，兽药的使用必须符合《生产绿色食品的兽药使用准则》。

3. 水产业生产的操作规程

养殖用水必须达到绿色食品要求的水质标准、环境标准，鱼虾等水生物的饲料，其固体成分应主要来源于无公害的生产区域。

4. 食品加工业生产的操作规程

食品加工的绿色食品生产操作规程要求食品加工过程中，食品添加剂的使用必须符合《生产绿色食品的食品添加剂使用准则》，不能使用国家明令禁用的色素、防腐剂、品质改良剂等添加剂。允许使用的要严格控制用量，禁用糖精及人工合成添加剂。食品生产加工过程、包装材料的选用、产品流通媒介都要具备安全无污染条件。

二、有机食品与有机农业

（一）有机食品

有机食品是指来自于有机农业生产体系，根据国际有机农业生产要求和相应的标准，在原料生产和产品加工过程中不使用农药、化肥、生长激素、化学添加剂、化学色素和防腐剂等化学物质，不使用基因工程技术，并通过独立的有机食品认证机构认证并使用有机食品标志的农产品及其加工产品，称为有机食品。

有机食品所说的"有机"不是化学上的概念，而是农业生产体系上的一个概念，就是指来自于有机农业生产体系。根据有机食品的定义，一种食品要成为有机食品，必须满足以下条件。

食品的原料必须是来自于已经建立或正在建立的有机农业生产体系，或者是采用有机方式采集的野生天然产品。

在整个生产过程中必须严格遵循有机食品的加工、包装、储藏、运输的标准和要求。

在生产和流通过程中必须有完整的质量控制体系和跟踪审查体系，并有完整的生产和销售记录及档案。

在整个生产过程中尽最大可能减小对环境的污染和生态的破坏。

必须通过独立的经认可的有机食品认证机构的认证。

(二) 有机农业

有机农业在国外也有叫"生态农业"、"生物农业"。有机农业是指一种按照有机农业生产标准，在生产中完全不使用化学合成的肥料、农药、生长调节剂、畜禽饲料添加剂等物质，也不使用基因工程生物及其产物的生产体系。在这个体系中，作物秸秆、畜禽粪便、豆科作物、绿肥和有机废弃物是土壤肥力的主要来源，作物轮作以及各种物理、生物和生态措施是控制杂草和病虫害的主要手段。有机农业充分提高系统中包括土壤微生物、植物和动物在内的生物循环和物质循环，保持和提高土壤的长效肥力；充分考虑畜禽在自然环境中的所有生活需求和条件，协调作物生产和畜牧业的平衡；保持生产体系和周围环境的生物多样性，包括保护动植物和野生动物的栖息地。

有机农业实质上是一种以农村社会经济与环境协调发展为原则，以农业清洁生产为指导，遵循自然规律和生态学原理而采取的可持续发展型农业。在有机农业生产系统中，人类、土地、动植物是一个有机结合的多元整体，人类的健康与系统中各个组成部分息息相关。因此，有机农业生产应当遵循以下基本原则。

遵循自然规律和生态学原理。

循环利用有机生产体系内的物质。

依靠体系自身力量保持土壤肥力。

保护生态环境,多样性种植和养殖。

根据土地的承载能力饲养畜禽。

充分利用生态系统的自然调节机制。

(三) 有机农业标准

有机农业标准发展至今,已初步形成了世界范围内不同层次的标准体系,主要表现在国际水平、地区水平、国家水平和认证机构水平等四个方面。这里简单分述如下。

1. 国际有机农业运动联盟(IFOAM)的基本标准

国际有机农业运动联盟(IFOAM)是当今世界上最广泛、最庞大、最权威的国际有机农业组织。IFOAM 在尊重有机农业发展历史及其目标的基础上,结合有机生产的自愿性特点和有机农业地域性强的特征,充分考虑以生产者和消费者为主的多方面的意见,在求同存异的基础上,建立了一套有机农业生产的基本标准。IFOAM 在标准制定上的目标是:在有机生产的各个部分都坚持有机农业的定义;确保有机产品的完整性和可靠性;确保有机标准不会成为贸易障碍;在一个协调的框架内允许变化;确保公平的规则。

IFOAM 基本标准和准则作为国际标准已在 ISO 注册,是地区标准、国家标准和认证机构自身标准的基础,是标准的标准。IFOAM 基本标准每两年进行一次修改。有机农业的国际基本标准包括以下 4 个方面。

(1) 前提条件。凡标上"有机"标签的产品,生产者和农场必须是 IFOAM 成员;不属于 IFOAM 的个体生产者不可以声明他们是按 IFOAM 标准进行生产的;IFOAM 标准包括农场审查和颁证方案的建议。

（2）目标（即基本标准的框架）。生产足够数量具有高营养的食品；维持和增加土壤的长期肥力；在当地农业系统中尽可能利用可再生资源；在封闭系统中尽可能进行有机物质和营养元素方面的循环利用；给所有的牲畜提供生活条件，使它们按自然的生活习性生活；避免由于农业技术带来的所有形式的污染；维持农业系统遗传基质的多样性，包括植物和野生动物环境的保护；允许农业生产者获得足够的利润；考虑农业系统较广泛的社会和生态影响。

（3）根据上述框架各国组织必须制定发展自己的标准。采用的方法和技术可采用参考自然生态平衡的某些技术，强调指出禁止使用农用化学品，例如合成肥料、杀虫剂等。

（4）如何使产品成为有机产品。原来不是有机产品，可进行转换，让其变为有机产品，在一定时期内按标准要求进行转换，由每个有机农业颁证机构确定转换过程的时间，并定期（每年）进行评价。

转换计划包括：增强土地肥力的轮作制度；适当的饲料计划（养殖业）；合适的肥料管理方法（种植业）；建立良好的环境，以减少病虫害转换周期时间，如果产品在两年之内满足所有标准则第三年可以作为有机产品出售。

有机农业对种植业强调如下几方面：环境条件（由颁证组织审查无污染）；作物品种选择，应选适应当地土壤，气候对病虫有抵抗能力的品种；实施轮作（包括豆科作物）；肥料政策：有机肥返回土壤，保持土壤肥力。禁止焚烧稻草，氮肥必须是有机，颁证组织应对产品的硝酸盐含量加以限制，引进的肥料要审查，人粪要防治病虫害等；害虫管理：要保护天敌，提倡生物综合防治，禁止使用合成杀虫剂；杂草的处理：用预离栽培技术来防治，限制生长（例如，合理轮作、种植绿肥、平衡施肥管理等），使用物理除草方法，禁止使用除草剂、生长刺激剂。

在畜牧生产中禁止使用人工荷尔蒙和其他增产剂，从非有机农业组织购入的饲料不得超过10%~20%（根据牲畜的种类而异）。此外，不得采取虐待牲畜的生产方式，对养殖业、畜牧业强调禁止使用饲料添加剂、生长素、开胃药、防腐剂等。

2. 欧盟标准

欧盟标准适用于其成员国的所有有机农产品的生产、加工和贸易。1991年欧盟有关有机农业的规则被发表于欧盟的官方刊物。1999年12月，欧盟委员会通过了有机产品的标识，这个标识可以由EU 2092/91规则下的生产者使用。欧盟关于有机生产的EU 2092/91规则中有很多对消费者和生产者的保护。

3. 国家标准

从国家水平上看，除了15个欧盟成员国外，日本、阿根廷、巴西、澳大利亚、美国、智利、匈牙利、以色列、瑞士等都有国家标准。

美国：1990年通过联邦法有机农产品生产法案，并成立了国家有机食品标准委员会（NOSB），由美国农业部归口领导，负责国家标准的制定工作。美国国家的有机农业标准于2001年4月21日开始试行，2002年10月21日正式执行。

日本：1992年日本农林水产省制定了《有机农产品蔬菜、水果生产准则》和《有机农产品生产管理要点》，并于1992年将以有机农业为主的农业生产方式列入保护环境型农业政策。2000年4月推出了有机农业标准，标准于2001年4月正式执行。

中国：1994年，国家环境保护总局有机食品发展中心（OFDC）在国家环境保护总局南京环境科学研究所成立，其职能是从事有机天然食品研究、开发、颁证、检测、培训和推广等，OFDC的成立标志着我国真正全面开展有机食品的开发和认证管理。OFDC根据IFOAM有机生产加工的基本标准，参照并借鉴欧盟委员会有机农业生产规定（EEC N0.2092/91），以及其他国家如德国、瑞典、英国、美国、澳大利亚、新西兰等有机农业协会或组织的标准和规定，结合我国农业生产和食品行业的有关标准，于1999年制定了OFDC有机产品认证标准（试行），2001年5月经修改又上升为OFDC有机认证标准。OFDC已与许多国家有影响的有机食品认证机构或咨询机构建立了良好的联系和合作，如与德国的CFRS和ECOCERT、英国的SOIL ASSO-CIATTON、美国的OCIA、日本的JONA和NOAPA、马来西亚的HUMUS、泰国的ACT等。有些国家的有机食品认证机构也已在中国建立办事处或分会。目前经过我国国家认证认可监督管理委员会（CNCA）批准的有机食品认证机构有31家，另外有一些国外有机认证机构也在我国开展业务。其中，中绿华夏有机食品认证中心（简称COFCC）隶属于农业部，是农业部推动有机农业运动发展和从事有机食品认证、管理的专门机构，也是中国国家认证认可监督管理委员会（CNCA）批准设立的国内第一家有机食品认证机构，并获得中国认证机构国家认可委员会（CNAB）的认可。

4. 认证机构建立的标准

基本上每一个认证机构都建立了自己的认证标准。这里需要说明的是一个国家可以有一个认证机构，也可以有多个认证机构，这些认证机构多数是民间的，也有是官方的（如中国的认证机构OFDC）。不同认证机构执行的标准都是在IFOAM基本标准的基础上发展起来的，但侧重点有所不同，比如欧洲一些认证机构的有机标准，其主要内容多是围绕畜禽饲养，包括了牲畜、家禽饲养，牧草、饲料生产，肉、奶制品加工等。

而中国以及一些其他亚洲国家的认证机构，其标准则多集中在大田作物（蔬菜、水果）生产、野生产品开发、茶叶以及水产等方面，这也从一个侧面反映了不同国家或地区不同的资源特色。此外，根据不同地区的特征和需要，不同认证机构对标准的发展也有所不同，这其中多数认证机构仍以 IFOAM 基本标准的内容为主，标准比较原则化，也有一部分认证机构已根据本地区或本国实际，进一步发展了 IFOAM 括准，使之更具体化，便于操作，比如德国的 BLOLAND 已经建立了针对不同产品的标准系列。

第三节 中国名牌农产品的申请、评选认定程序

一、中国名牌农产品的申请

根据农业部 2007 年 9 月发布的《中国名牌农产品管理办法》，中国名牌农产品评选认定工作坚持"自愿、无偿、客观、公开、公正、公平"的原则。只有依法获得"中国名牌农产品"称号的农产品，才可以使用"中国名牌农产品"称号与标志。

（一）受理机关

申请人应当向所在省（自治区、直辖市及计划单列市）农业行政主管部门提出申请，并提交申报材料。

（二）申请人应具备的条件

申请"中国名牌农产品"称号的申请人，应具备下列条件。

（1）具有独立的经营主体法人或社团法人资格，法人注

册地址在中国境内。

（2）有健全和有效运行的产品质量安全控制体系、环境保护体系，建立了产品质量追溯制度。

（3）按照标准化方式组织生产。

（4）有稳定的销售渠道和完善的售后服务。

（5）近三年内无质量安全事故。

(三) 产品应具备的条件

申请"中国名牌农产品"称号的产品，应具备下列条件。

（1）符合国家有关法律法规和产业政策的规定。

（2）在中国境内生产，有固定的生产基地，批量生产至少3年。

（3）在中国境内注册并归申请人所有的产品注册商标。

（4）符合国家标准、行业标准或国际标准。

（5）市场销售量、知名度居国内同类产品前列，在当地农业和农村经济中占有重要地位，消费者满意程度高；质量检验合格。

（6）食用农产品应获得"无公害农产品"、"绿色食品"或者"有机食品"称号之一。

（7）是省级名牌农产品。

二、中国名牌农产品评选认定程序

根据农业部2007年9月发布的《中国名牌农产品管理办法》，中国名牌农产品实行年度评审制度。农业部成立中国名牌农产品推进委员会（以下简称名推委），负责组织领导中国名牌农产品评选认定工作，并对评选认定工作进行监督管理。

(一) 申请

申请人向所在省（自治区、直辖市及计划单列市）农业行政主管部门提出申请,并提交申报材料。

(二) 审查

省(自治区、直辖市及计划单列市)农业行政主管部门负责申报材料真实性、完整性的审查。符合条件的,签署推荐意见,报送名推委办公室。

(三) 评选

名推委办公室组织评审委员会对申报材料进行评审,形成推荐名单和评审意见,上报名推委。

名推委召开全体会议,审查推荐名单和评审意见,形成当年度的中国名牌农产品拟认定名单,并通过新闻媒体向社会公示,广泛征求意见。

(四) 审核认定

名推委全体委员会议审查公示结果,审核认定当年度的中国名牌农产品名单。

(五) 公告

对已认定的中国名牌农产品,由农业部授予"中国名牌农产品"称号,颁发《中国名牌农产品证书》,并向社会公告。

中国名牌农产品证书的有效期为三年,有效期满要继续使用中国名牌农产品称号的,应当重新提出申请。

依法保护农产品注册商标、地理标志和知名品牌已被写进了2007年1月的"中央一号文件"。国务院副总理吴仪在出席世界地理标志大会时指出,运用地理标志保护和发展农产品,促进农产品的增值和规模经营,有效地促进了农业增效、农民增收和农村发展,为中国解决"三农"问题找到了一个很好的切入点。

第三章 新型农民法律素养

第一节 职业农民的法规知识

农业法规是指由国家权力机关、国家行政机关以及地方机关制定和颁布的,适用于农业生产经营活动领域的法律、行政法规、地方法规以及政府规章等规范性文件的总称。

目前,我国的农业法规体系已经基本形成,可以分为以下几个方面。

一、农业基本法规

主要指《中华人民共和国农业法》(以下简称《农业法》)。

1993年7月2日第八届全国人大常委会第二次会议通过了《农业法》,以法律的形式,把十一届三中全会以来关于农业发展的一系列行之有效的大政方针进一步规范化、法律化。这是中国农业发展史上第一部农业大法。2002年12月28日九届全国人大常委会第31次会议对《农业法》重新进行修订,并于2003年3月1日起施行。农业法修改制定,体现了"确保基础地位,增加农民收入"的总体精神,对保障农业在国民经济中的基础地位,发展农村社会主义市场经济,维护农业生产经营组织和农业劳动者的合法权益,促进农业的持续、稳定、协调发展,实现农业现代化,起到了重要的作用。

二、农业资源和环境保护法

包括《中华人民共和国土地管理法》《中华人民共和国森林法》《中华人民共和国草原法》《中华人民共和国渔业法》《中华人民共和国水法》《中华人民共和国水土保持法》《中华人民共和国水污染防治法》《中华人民共和国野生动物保护法》《中华人民共和国防沙治沙法》等法律,以及《基本农田保护条例》《草原防火条例》《中华人民共和国水产资源繁殖保护条例》《中华人民共和国野生植物保护条例》《森林采伐更新管理办法》《野生药材资源保护管理条例》《森林防火条例》《森林病虫害防治条例》《中华人民共和国陆生野生动物保护实施条例》等行政法规。

三、促使农业科研成果和实用技术转化的法律

包括《中华人民共和国农业技术推广法》《中华人民共和国植物新品种保护条例》《中华人民共和国促进科技成果转化法》等法律及行政法规。

四、保障农业生产安全方面的法律

包括《中华人民共和国防洪法》《中华人民共和国气象法》《中华人民共和国动物防疫法》《中华人民共和国进出境动植物检疫法》等法律,以及《农业转基因生物安全管理条例》《水库大坝安全管理条例》《中华人民共和国防汛条例》《蓄滞洪区运用补偿暂行办法》等行政法规。

五、保护和合理利用种质资源方面的法律

包括《中华人民共和国种子法》《种畜禽管理条例》《农药管理条例》《兽药管理条例》《饲料和饲料添加剂管理条

例》等。

六、规范农业生产经营方面的法律

包括《中华人民共和国农村土地承包法》《中华人民共和国乡镇企业法》《中华人民共和国乡村集体所有制企业条例》《中华人民共和国农民专业合作社法》等。

七、规范农产品流通和市场交易方面的法律

包括《粮食收购条例》《棉花质量监督管理条例》《粮食购销违法行为处罚办法》等行政法规。

八、保护农民合法权益的法律

为保护农民合法权益制定了《中华人民共和国村民委员会组织法》《中华人民共和国耕地占用税暂行条例》。

九、宪法

《中华人民共和国宪法》是国家的根本法，它规定了国家的根本制度和根本任务，具有最高的法律效力。

全国各族人民、一切国家机关和武装力量、各政党和各社会团体、各企业事业组织，都必须以宪法为根本的活动准则，并负有维护宪法尊严、保证宪法实施的职责。一切法律、行政法规、地方性法规都不得同宪法相抵触。制定法律、法规、地方性法规都必须以宪法为依据和基础。

我国现行宪法是1982年的，也是新中国成立后的第四部宪法。1988年、1993年、1999年和2004年，全国人民代表大会又对这部宪法进行了4次补充修正。

十、社会保险法

狭义的社会保险法指《中华人民共和国社会保险法》，广义的社会保险法包括全国人大及其常委会、国务院、社会保险事务主管部门颁布的调整社会保险关系的所有法律、法规、规章及其他规范性文件。

社会保险包括：养老保险、医疗保险、工伤保险、失业保险和生育保险。

养老保险可以让劳动者在到国家规定的退休年龄或因年老丧失劳动能力情况下，从国家和社会得到经济收入、物质帮助和服务。我国养老保险制度由城镇职工基本养老制度、企业补充养老保险制度、农村居民养老保险制度和公职人员退休制度组成。

医疗保险是国家可以补偿劳动者因疾病风险造成的经济损失。我国目前的基本医疗保险制度由城镇职工基本医疗保险制度、城镇居民基本医疗保险制度和农村居民新型农村合作医疗制度组成。

工伤保险可以对在生产、工作中遭受意外伤害或患职业病导致暂时或永久性丧失劳动能力的劳动者，以及对职工死亡后无生活来源的近亲属给予物质帮助。工伤保险制度是社会保险制度的重要组成部分，具体我们可以再学习《工伤保险条例》等。

失业指有劳动能力并有劳动意愿的劳动者得不到劳动机会或就业后又失去工作。失业保险制度是国家对非本人意愿中断就业而失去生活来源的劳动者提供物质帮助和就业服务。我国现行失业保险制度的基本框架由 1999 年颁布的《失业保险条例》、2010 年颁布的《社会保险法》等确立。

生育保险是指国家或用人单位对职业妇女因生育而中断劳

动期间给予必要生活保障和物质帮助。通过向生育职工提供医疗服务、产假和生育津贴等方面待遇，使她们因生育而暂时中断劳动时的基本经济收入和医疗需求得到保障。我国现行城镇职工生育保险制度框架主要由《女职工劳动保护特别规定》《企业职工生育保险试行办法》和《社会保险法》确立。农村生育保障制度建立的标志是2002年中共中央、国务院颁布的《关于进一步加强农村卫生工作的决定》。

十一、婚姻法

婚姻法是调整婚姻家庭关系的基本准则。它调整的范围既包括婚姻关系，又包括家庭关系；既有婚姻家庭关系的发生、变更和终止，也有婚姻家庭关系主体间的权利义务。

有关婚姻家庭的法律规范包括《中华人民共和国婚姻法》《中华人民共和国收养法》《中华人民共和国继承法》《婚姻登记条例》等。此外，我国的《中华人民共和国宪法》《中华人民共和国妇女权益保障法》《中华人民共和国未成年人保护法》《中华人民共和国老年人权益保障法》《中华人民共和国民法通则》等法律、法规也规定有婚姻家庭关系方面的内容。

我国目前施行的《中华人民共和国婚姻法》，是2001年4月28日修正的。这部婚姻法分6章，共51条，对我国公民的婚姻原则、结婚年龄、夫妻之间的权利与义务、父母与子女之间的关系，以及离婚原则、离婚后子女的抚养，救助措施等问题，都作了明确规定。

我国婚姻法的基本原则主要有：

①婚姻自由。无论是结婚还是离婚，均不受任何人的强迫和干涉。

②一夫一妻。一个人只能有一个配偶，任何人，不论其地位高低、财产多少，都不得同时拥有两个或两个以上的配偶。

任何已婚者，在其配偶死亡或者与配偶离婚以前，都不得再行结婚。

③男女平等。指男女在婚姻家庭中享有平等的权利，负担平等的义务。

④保护妇女、儿童和老人的合法权益。体现了法律保护弱者、昭示公平的特点。

⑤计划生育。实行计划生育是我国的一项国策。国家干部、企事业单位的职工、城镇及农村居民，除特殊情况经批准外，一对夫妻只能生育一个孩子。

婚姻法是人们在婚姻、家庭关系各个方面必须遵循的准则。

十二、治安管理处罚法和刑法

《中华人民共和国刑法》是规定哪些行为是犯法、犯罪行为的具体刑事责任以及犯罪应受到的刑法处罚的法律。

《治安管理处罚法》是我国规定哪些行为是违反治安管理以及对这些行为如何处罚的法律。

学习这些法律，也是进行自我保护的一个方面。否则，找不到合法的工作，挣不到钱，还要交罚款，弄不好稀里糊涂进了班房，那多不值得呀！

十三、工会法

工会是职工自愿结合的工人阶级的群众组织。工会的基本职责是维护职工合法权益。

工会法是调整工会与政府、工会与用人单位、工会与会员和职工以及工会与其他组织关系的法律规范的总称。我国第一部《中华人民共和国工会法》是1950年由中央人民政府颁布的，目前施行的是2001年修正的《中华人民共和国工会法》。

凡在中国境内的企业、事业单位、机关和其他社会组织中，以工资收入为主要生活来源或者与用人单位建立劳动关系的体力劳动者和脑力劳动者，不分民族、种族、性别、职业、宗教信仰、教育程度，承认工会章程，都可以加入工会为会员。任何组织和个人不得阻挠和限制。

这里所说的"参加工会"，是指劳动者依法申请加入已经成立于用人单位里的基层工会或者这些单位之外的基层工会联合会；而"组织工会"，是指劳动者可以依法在尚未建立工会组织的用人单位里中组建基层工会或者可以在这些单位之外联合组建基层工会。根据《中华人民共和国劳动合同法》第六十四条的规定，被派遣劳动者有权在劳务派遣单位或者用工单位依法参加或者组织工会，维护自身的合法权益。

第二节 农民专业合作社的政策法规

农民专业合作社作为新型农业经营主体，正在我国广大农村蓬勃发展，成为当前农村改革和经济发展的一个亮点。农民专业合作社作为农民自愿组成的组织，如何办合作社才能更好地为成员提供综合性服务？

《中华人民共和国农民专业合作社法》2007年7月1日实施以来，农民合作社迅速发展。到2014年9月，全国在工商部门登记的农民专业合作社已达91.1万家，入社农户6 838万户，占全国农户总数的26.3%。

一、农民合作社的性质及作用

（一）民办民管民受益

农民专业合作社是在农村家庭承包经营基础上，同类农产品的生产经营者或者同类农业生产经营服务的提供者、利用者，自愿联合、民主管理的互助性经济组织。以其成员为主要服务对象，提供农业生产资料的购买，农产品的销售、加工、运输、贮藏以及与农业生产经营有关的技术、信息等服务。合作社成员以农民为主体，以为成员服务为宗旨，成员地位平等，实行民主管理，谋求全体成员的共同利益，盈余主要按照成员与农民专业合作社的交易量（额）比例返还。所以，农民合作社是"民办民管民受益"。

(二) 做一家一户做不了的事

我国农户承包经营的土地规模小，平均每户只有七八亩（15亩＝1公顷。全书同）地。许多事情一家一户做不了，或者做起来不划算。

农民专业合作社的发展，提高了农民的组织化程度，为农业机械化提供了条件。为解决这个难题找到了一条途径。据农业部统计，截至2011年年底，农民专业合作社转入的土地面积达3 055万亩，占全国耕地流转总面积的13.4%。

许多地方成立了农机专业合作社，为农户提供耕种、病虫害防治、收获等生产服务。

(三) 保护农民合法的承包权

据国家统计局信阳调查队范宝良对100个农户进行的土地承包经营权流转意向问卷调查，80%的农户虽然愿意流转土地承包经营权，但即使在有利益补偿或完善的社会保障的情况下，愿意放弃土地的农户只有40%。而在没有利益补偿的情况下，即使已经在城市工作和生活的农民工也不愿放弃土地权益。

二、农民合作社的权利

根据《中华人民共和国农民专业合作社法》第十六条的

规定，农民专业合作社的成员享有以下权利。

1. 享有表决权、选举权和被选举权

参加成员大会，并享有表决权、选举权和被选举权，按照章程规定对本社实行民主管理。

（1）参加成员大会。这是成员的一项基本权利。成员大会是农民专业合作社的权力机构，由全体成员组成。农民专业合作社的每个成员都有权参加成员大会，决定合作社的重大问题，任何人不得限制或剥夺。

（2）行使表决权，实行民主管理。农民专业合作社是全体成员的合作社，成员大会是成员行使权力的机构。作为成员，有权通过出席成员大会并行使表决权，参加对农民专业合作社重大事项的决议。

（3）享有选举权和被选举权。理事长、理事、执行监事或者监事会成员，由成员大会从本社成员中选举产生，依照《农民专业合作社法》和章程的规定行使职权，对成员大会负责。所有成员都有权选举理事长、理事、执行监事或者监事会成员，也都有资格被选举为理事长、理事、执行监事或者监事会成员，但是法律另有规定的除外。在设有成员代表大会的合作社中，成员还有权选举成员代表，并享有成为成员代表的被选举权。

2. 利用本社提供的服务和生产经营设施

农民专业合作社以服务成员为宗旨，谋求全体成员的共同利益。作为农民专业合作社的成员，有权利用本社提供的服务和本社置备的生产经营设施。

3. 按照章程规定或者成员大会决议分享盈余

农民专业合作社获得的盈余依赖于成员产品的集合和成员对合作社的利用，本质上属于全体成员。可以说，成员的参与热情和参与效果直接决定了合作社的效益情况。因此，法律保护成员参与盈余分配的权利，成员有权按照章程规定或成员大会决议分享盈余。

4. 查阅

查阅本社的章程、成员名册、成员大会或者成员代表大会记录、理事会会议决议、监事会会议决议、财务会计报告和会计账簿成员是农民专业合作社的所有者，对农民专业合作社事务享有知情权，有权查阅相关资料，特别是了解农民专业合作社经营状况和财务状况，以便监督农民专业合作社的运营。

5. 章程规定的其他权利

章程在同《中华人民共和国农民专业合作社法》不抵触的情况下，还可以结合本社的实际情况规定成员享有的其他权利。

三、农民合作社的义务

农民专业合作社在从事生产经营活动时，为了实现全体成员的共同利益，需要对外承担一定义务，这些义务需要全体成员共同承担，以保证农民专业合作社及时履行义务和顺利实现成员的利益。

根据《中华人民共和国农民专业合作社法》第十八条的规定，农民专业合作社的成员应当履行以下义务。

1. 执行成员大会、成员代表大会和理事会的决议

成员大会和成员代表大会的决议，体现了全体成员的共同意志，成员应当严格遵守并执行。

2. 按照章程规定向本社出资

明确成员的出资通常具有以下两个方面的意义。

一是以成员出资作为组织从事经营活动的主要资金来源。二是明确组织对外承担债务责任的信用担保基础。但就农民专业合作社而言，因其类型多样，经营内容和经营规模差异很大，所以，对从事经营活动的资金需求很难用统一的法定标准来约束。而且，农民专业合作社的交易对象相对稳定，交易人对交易安全的信任主要取决于农民专业合作社能够提供的农产品，而不仅仅取决于成员出资所形成的合作社资本。由于我国各地经济发展的不平衡，以及农民专业合作社的业务特点和现阶段出资成员与非出资成员并存的实际情况，一律要求农民加入专业合作社时必须出资或者必须出法定数额的资金，不符合目前发展的现实。因此，成员加入合作社时是否出资以及出资方式、出资额、出资期限，都需要由农民专业合作社通过章程自己决定。

3. 按照章程规定与本社进行交易

农民加入合作社是要解决在独立的生产经营中个人无力解决、解决不好，或个人解决不合算的问题，是要利用和使用合作社所提供的服务。成员按照章程规定与本社进行交易既是成立合作社的目的，也是成员的一项义务。成员与合作社的交易，可能是交售农产品，也可能是购买生产资料，还可能是有偿利用合作社提供的技术、信息、运输等服务。成员与合作社的交易情况，按照《中华人民共和国农民专业合作社法》第二十六条的规定，应当记载在该成员的账户中。

4. 按照章程规定承担亏损

由于市场风险和自然风险的存在，农民专业合作社的生产经营可能会出现波动，有的年度有盈余，有的年度可能会出现亏损。合作社有盈余时分享盈余是成员的法定权利，合作社亏损时承担亏损也是成员的法定义务。

5. 章程规定的其他义务

成员除应当履行上述法定义务外,还应当履行章程结合本社实际情况规定的其他义务。

四、国家支持扶持合作社的主要政策和项目

根据《农民专业合作社法》第四十九条至五十二条规定,农民专业合作社享有以下优惠政策:

(1) 国家支持发展农业和农村经济的建设项目,可以委托和安排有条件的有关农民专业合作社实施。

(2) 中央和地方财政应当分别安排资金,支持农民专业合作社开展信息、培训、农产品质量标准与认证、农业生产基础设施建设、市场营销和技术推广等服务。对民族地区、边远地区和贫困地区的农民专业合作社和生产国家与社会急需的重要农产品的农民专业合作社给予优先扶持。

(3) 国家政策性金融机构应当采取多种形式,为农民专业合作社提供多渠道的资金支持。具体支持政策由国务院规定。国家鼓励商业性金融机构采取多种形式,为农民专业合作社提供金融服务。

(4) 农民专业合作社享受国家规定的对农业生产、加工、流通、服务和其他涉农经济活动相应的税收优惠。财政部、国家税务总局《关于农民专业合作社有关税收政策的通知》还对农民专业合作社享有的印花税、增值税优惠作出了具体规定:

①农民专业合作社与本社成员签订的农业产品和农业生产资料购销合同免征印花税。

②对农民专业合作社销售本社成员生产的农业产品,视同农业生产者销售自产农业产品免征增值税。

③增值税一般纳税人从农民专业合作社购进的免税农业产品，可按13%的扣除率计算抵扣增值税进项税额。

④对农民专业合作社向本社成员销售的农膜、种子、种苗、化肥、农药、农机，免征增值税。

第四章 新型农民的创业素养

第一节 抢抓农业创业的机遇

所谓"三农"问题,是指农业、农村、农民这三大问题。中国是一个农业大国,农村人口接近9亿人,占全国人口70%;农业人口达7亿人,占产业总人口的50.1%。"三农"问题的解决必须考虑农业自身的体系化发展,还必须考虑三大产业之间的协调发展。"三农"问题的解决关系重大,不仅是农民兄弟的期盼,也是目前党和政府关注的大事。

近几年来中央连续5个一号文件都锁定在"三农"问题上。按照"坚持以人为本,加强农业基础,增加农民收入,保护农民利益,促进农村和谐"的目标和取向,利用好农业政策平台是农业创业者必走的"捷径"。其特点是操作性强,导向明确,重点突出,受益面大。在这个情况下,农业创业者则面临着前所未有的政策机遇,这些优惠的农业政策为农业创业者进行创业,提供了良好的创业机会。

第二节 确定农业创业项目

通过认识农业创业的优势后,创业者在创业时要做的第一件事情就是要选择做什么行业,或者是打算办什么样的企业,如在土地里选择种植什么、池塘里选择养殖什么、利用农产品原料加工成什么新产品、为农业生产提供什么服务等,也就是要选择农业创业项目,这是创业者在创业道路上迈出的至关重要的第一步。

一、了解我国的行业分类

从总体说,我国的产业构成习惯上分为三大块。即第一产业、第二产业、第三产业。

第一产业就是产业链上的原料业。我国指的是农业(包括林业、牧业和渔业等),有的国家把矿业也列为第一产业。

第二产业就是产业链上的制造业,指的是以第一产业的产品为原料进行加工制造或精炼的产业部门。各国划分的范围也不尽相同。我国的第二产业指工业和建筑业。

第三产业就是服务业,也指第一、第二产业以外的其他行业,即不直接从事物质产品生产,主要以劳务形式向社会提供服务的各个行业。如交通、电信、商业、饮食、金融、保险、法律咨询乃至文化教育、科学研究等行业。

依据1984年国家计划委员会、国家经济委员会、国家统计局、国家标准局联合发布的《国民经济行业分类和代码》,上述产业又可以进一步细分为13个门类。

(1) 农、林、牧、渔、水利业。

(2) 工业。

(3) 地质普查、勘探业。

(4) 建筑业。

(5) 交通运输业和邮电通讯业。

(6) 商业、公共饮食业、物资供销和仓储业。

(7) 房地产管理、公用事业、居民服务业和咨询服务业。

(8) 卫生、体育和社会福利事业。

(9) 教育、文化艺术和广播电视事业。

(10) 科学研究和综合技术服务事业。
(11) 金融、保险业。
(12) 国家机关、党政机关和社会团体。
(13) 其他行业。

在这 13 个门类的统属下,具体的小行业那可就千姿万态,不胜枚举了。

每位有心创业的农民朋友都不妨根据自己的职业兴趣,先从这三大产业群、13 个行业门类中寻找出大致方向,再一步步地逐渐细化,使自己的创业目标既明确具体,又合乎自己的兴趣与现实条件,成功的概率自然也就相对地更大了。

二、如何选择创业好项目

(一) 选择国家鼓励发展、有资金扶持的行业

这是选择好项目的先决条件。因为国家鼓励的行业都是前景好、市场需求大、加上资金扶持,较易成功。如现代农业、特色农业正是我国政府鼓励发展的行业。

(二) 选择竞争小、易成功的项目

创业之初,资金、技术、经验、市场等各方面条件都不是很好时,如选择大家都认为挣钱而导致竞争十分激烈的项目,则往往还没等到机会成长就被别人排挤掉了。成功的第一个法则就是避免激烈的竞争。

目前人们的传统赚钱思路还在于开工厂、搞贸易上,因而关注、认识农业的人很少、竞争很小,只要投入少量的资金即可发展,有一定的经商经验及文化水平的人去搞农业项目,在管理、技术及学习能力上都具有优势。比现在从事农业生产的农民群体更容易成功。

(三) 产品符合社会发展的潮流

社会在发展，市场也在变化，选择项目的产品应符合整个社会发展的潮流，这样产品需求会旺盛。目前我国的农产品价格还处于较低的价位，随着经济和生活水平的不断提高，人们对绿色食品、有机食品的需求会越来越大，产品价格也会逐步走高，上升空间大，经营这些项目较易成功。

(四) 技术要求相对简单，资金回笼快

对于中小投资者而言，除了资金回笼快、周期短，同时项目成功的因素还取决于其技术的难易程度，这也是保证项目实施顺利、投资安全的因素，因此，选择技术要求相对简单的种植、养殖加工项目风险较小。

(五) 良好的商业模式

商业模式是企业的赚钱秘诀。好的商业经营模式可以提供最先进的生产技术和高效的管理技术以及企业运营良好方案，这样可省去自己摸索学习的代价，能最快、最好、稳妥地产生效益。

第三节 制订创业计划

在寻找到创业项目之后，形成一份创业计划书是必不可少的。因为有创业项目后，还必须考虑合适的创业模式、恰当的人员组合和良好的创业环境。制订创业计划，就是使创业者在选定创业项目、确定创业模式之前，明确创业经营思想，考虑创业的目的和手段。为创业者提供指导准则和决策依据。

一、创业计划的含义

创业计划是创业者在初创企业成立之前就已经准备好的一

份书面计划,用来描述创办一个新的风险企业时所有的内部和外部要素。创业计划通常是各项职能如市场营销计划、生产和销售计划、财务计划、人力资源计划等的集成,同时也提出创业的头三年内所有长期和短期决策制定的方针。

创业计划也是对企业进行宣传和包装的文件,它向风险投资企业、银行、供应商等外部相关组织宣传企业及其经营方式;同时,又为企业未来的经营管理提供必要的分析基础和衡量标准。在过去,创业计划单纯地面向投资者;而现在,创业计划成为企业向外部推销自己的工具和企业对内部加强管理的依据。

二、创业计划的作用

"三思而后行"。做任何事情都要事先做好计划,创业尤其如此。在创业初期,创业者不可能对市场有很详细的调查数据,也无法准确地了解竞争对手的情况,创业计划可能不会规划出必然的蓝图,但是,至少有以下几个方面的作用。

(一) 把计划中要创立的企业推销给自己

通过创业计划的制订,创业者必须建立自信,应该以认真的态度对自己所拥有的资源、已知的市场情况和初步的竞争策略做一个简单的分析,并提出一个初步计划。通过将心中的设想编写成书面的、规范的创业计划,创业者可能会发现,事情原来并非想象中的简单,原来很多因素都没有想到,很多设想都不现实。这时候,需要创业者保持清醒的头脑,客观地、严肃地、不带个人主观情感地从整体角度审视自己的创业思路,并且适当地进行调节,使得计划更趋完美,以确保计划的可操作性。当然,通过撰写书面的创业计划,如果发现原来的设想根本不可能成为现实,创业者不得不放弃该创业念头时,千万不要勉强。

(二) 把要创办的风险企业推荐给风险投资家

创业计划是创业融资的必备工具。对于初创的风险企业来说，创业计划的作用尤为重要。企业的成长基本上离不开外来资金。如果没有创业计划，创业者就无从知道创办这家企业所需资金的确切数目，也就不知道到底还缺多少资金。风险投资家都要求创业者提供创业计划，他们依据创业计划进行评价和筛选，选择他们认为最有发展潜力的企业进行投资。但是，必须明确的是，即使创业者不需要借钱、也不需要寻找合作伙伴，但必须撰写详细的创业计划。

(三) 有利于获得银行贷款等其他资金

银行一般只要求申请贷款的企业提供过去和现在的财务报表。但是，初创的企业经营风险太大，为这类企业提供贷款，银行一般先要求创业者提供创业计划。对于银行来说，一份制作规范而专业的创业计划就等于一张考究的名片。一份书面的创业计划会提供很多的信息，是一份浓缩了的企业经营设想。一份详尽的、与众不同的、切实可行的创业计划将大大降低银行发放贷款的风险，增加获得贷款的机会。当然，创业计划也有利于初创企业获得其他形式的资金支持。

(四) 有利于企业的经营管理

完美的创业计划可以增强创业者的自信，创业者会明显感到对企业更容易控制、对经营更有把握。因为创业计划提供了企业全部的现状和未来发展的方向，也为企业提供了良好的效益评价体系和管理监控指标。创业计划使得创业者在创业实践中有章可循。

创业计划还可以激励管理层以及公司普通员工。在创业初期，"人才可遇而不可求"。一个很重要的问题，就是如何让每一位成员了解本企业的发展战略和创业计划，并朝同一目标努力。如果企业内部的每一位员工对企业的发展战略有不同的看法，则企业就很难取得什么成就。获得认可的创业计划有助于把所有成员凝聚在一起，真正做到"心往一块想，劲往一处使"。

第四节　实施创业计划

通过策划和调研，真正确定了创业的项目，制定了创业计划书，开始实施创业计划时，你必须对创业规模、组织方式、组织机构、经营方式等方面做出决策，这将涉及一系列具体的问题，包括资金筹措、人员组合、场地选择、手续办理等。在这里，笔者将告诉你实施创业计划的一些条件准备和基本程序。

一、创业融资

创业者成立企业，除了一些基本工作之外，还需要创业资金。拥有的资金越多，可选择的余地就越大，成功的机会就越多。如果没有资金，一切就无从谈起。对于广大的创业者来说，创业初期最大的困难就是如何获得资金。融资的方式和渠道多种多样，创业者需要进行比较，并确定适合于自己的融资方式和途径。

二、人员组合

选择了创业目标，制订了创业计划，明确了创业模式，确定了产品或服务方案，资金也筹措到位后，选择最佳的人员配备和组合就成了创业者的一个重要任务。

创办一个企业，如果有一个充满活力和凝聚力、具有协调性和开拓性的人员组合体，这个企业必将有一个良性发展的开端，能极大地调动起每个员工的工作积极性，营造出一个团结协作、以企为家的和谐氛围。

人员的组合只有在一定的范围内，依据有关方法，遵循必要的人员组合原则和标准，才能使人力资源配置达到最佳状态。

三、确定经营方式

初创业者，规模不论大小，因为大有大的优势（大船抗风浪），小有小的好处（小船好掉头），但发展到一定程度之后，"航速"已经平稳，一切走上正轨，就不能不讲究规模与技术水平。否则永远只能在低水平上徘徊，自身难以发展。而在市场经济中，得不到发展常常也就意味着衰败的来临。

农民工创业之初，企业的自身发展常常受到各种条件或因素的局限，规模与速度都很难尽如人意。偏偏小企业抗衡市场风浪的能力又非常孱弱，于是就陷入了一个怪圈：企业小，难抗风浪，困难多，一发展甚至生存更艰难，困难更多。

怎么解决这个难题？各地农民朋友已经想出了许多很好的办法。主要有：

（1）股份制。就是大家各出股金，集中管理运作，共同投入于某一项目。等于是举全体之力，奋力一搏。

（2）联营制。也称"公司+农户"。即对外是一个统一的公司，统一商标，统一营销，统购原材料，统一质量标准；对内实际上则是各家各户单独种植、养殖或加工制造，分批分类交售。

（3）协会制。就是组建行业协会，由协会统一质量标准或营销价格，各会员则自行组织生产、销售。

以上方法各有不同的适宜对象。创业中的农民工朋友们可以根据自己的情况来斟酌选择。

四、场地选择

1991年4月23日，麦当劳在中国的第一个餐厅开业，由此创造了新的纪录，成为中国发展最为迅速、市场占有率最高的快餐食品。麦当劳的创始人曾经提到，商业成功中的三个重要因素就是选址、选址和选址。对于商业服务企业，只有选好址、立好地，才能立业、立命。有经验的企业家都能意识到选址定位的重要性。一些快餐业和超市连锁店经营失败的直接原因就是选址不当。

无论企业是刚刚开始，还是企业已经发展到成熟期，选址定位对企业的发展都是相当重要的。虽然选址要花费一定的精力、时间或金钱，但是如果能提高成功的概率，你所投入的一切完全是值得的。

第五章　新型农民信息素养

进入21世纪后，社会信息量大幅度增长，为农业生产经营者收集和利用各方面信息提供了有利的条件，同时也带来了大量的无用和虚假信息。农业经营管理者要学会以较小的投入收集到较多的有用经营信息，同时正确运用于农业生产中。

第一节　农业经营信息来源

我们比较熟悉和经常使用的农业经营信息来源主要有电视、广播、杂志、网络、报纸等，各种信息来源有其自身的特点。

一、广播

广播的费用低，收听方便，但专业性差，有关信息很不详细，同时信息不易储存，整理不方便。

二、电视

电视的优点是直观，可以看到有关农业生产和农产品市场的实际情况。电视的天气预报不但有各项数据，而且有趋势分析，有利于农业经营管理者提前做好有关安排。目前电视中有专业的农业频道，介绍农业生产新技术、新品种、生产的经验及各地农产品市场信息等。电视信息比广播更生动，更直观，但其专业性不高，目前储存信息还比较困难。

三、报刊

有关农业的报特别是地区性专业报刊的针对性很强,信息量虽然小但与农业经营管理者有直接的关系,是了解当地农业生产信息的重要渠道之一。报刊方便储存,有关信息的整理、利用很方便,但信息的传递需要的时间长,工作量大,信息的时效性较差。

我国几种农业类报纸杂志列举:

农业类:《农民日报》《中国农村经济》《中国乳业》《甘肃畜牧兽医》《中国畜牧兽医》《吉林畜牧兽医》。

园艺花卉类:《中国蔬菜》《蔬菜》《中国园艺文摘》《温室园艺》。

农学农作物类:《中国农业气象》《作物学报》《中国种业》《云南植物研究》。

粮油食品类:《农产品加工》《绿色食品》《食品科学》《中国食物与营养》。

林业类:《中国林业教育》《林业科技开发》《中国城市林业》《世界竹藤通讯》。

农资农机类:《中国农业文摘——农业工程》《包装与食品机械》《农民日报》《中国农村经济》。

水产渔业海洋类:《中国水产文摘》《中国水产科学》《中国观赏鱼》《北京水产》。

四、书籍

书籍的最大特点是专业性强,信息比较详细。目前越来越多的出版单位考虑到农业生产的特点,出版的书籍简便易携带,有口袋书之称,这些书籍可以及时向农业经营管理者介绍有关政策、法律及农业新技术知识,受到农业经营管理者的欢迎。

五、电子媒介

与书籍相比，电子媒介的成本更低，信息量大，出版速度更快，复制更为简单，更容易普及。由于音像媒介可将有关信息以多种形式表现出来，农民更容易理解和接受，逐步成为传递某些信息的主要渠道之一。

六、网络信息

网络信息量大，选择性强，有强大的查询功能，同时可以与有关单位进行直接联系，将本单位的信息发送给有关单位。网络信息的出现在一定程度上改变了农村信息闭塞的状况，未来可能成为农村中最重要的信息渠道。

七、收集信息的方法

收集信息的方法很多，采用哪一种方法主要是根据生产经营者的规模、需要、信息带来的效益等进行选择。

八、个人收集或专人收集

个人收集是个人在工作之中以及工作之余收集的各类农业经营信息。

对于部分重大信息，对于影响企业经营管理的至关重要的信息，对于经常变化的信息等，个人兼业收集可能效果较差。这类信息需要有专人负责收集。

无论个人收集或者专人收集，常用的方法有如下几种：

（1）市场调研。市场调研分为二手资料调研和实地调研。二手资料调研是对已经存在并已为某种目的而收集起来的信息进行的调研活动，也就是对二手资料进行搜集、筛选，并加以使用。这一方法方便、快捷、效率高、花费时间少，但同时具体性差，难以收集到针对性强的资料，且资料的可靠性差。实地调研是指由调研人员亲自搜集第一手资料的过程。实地调研的方法主要有访问法、观察法和实验法三种。在一些情况下，二手资料调研无法满足调研目的，就需要适时地进行实地调研来解决问题，取得第一手的资料和情报。

（2）专题讲座。目前，一些农业科研单位或企业为了推广其技术和产品经常到农村举行各种专题讲座。这类讲座主讲人往往是专家，可针对不同的听众调整讲座的内容。许多农业技术的讲座是免费的，有些仅收取少量的费用，个别讲座甚至向听众付费或免费提供一餐。其中不少讲座提供的信息对农业生产有较大的帮助，有些信息解决了部分农业生产单位的难题。

（3）参观考察。为了宣传农业的新技术、新成果，每年我国及各地都有专业的和综合的农业展览会或有关农业中某一行业或产品的展览会、展销会等。在这些展览会、展销会上集中反映了农业生产和销售的有关信息，同时还可与有关方面进行交流，实地考察可以得到更丰富的信息。

九、委托收集

有些信息对于农业生产经营单位有着特别重大的意义，同时这些信息又不能从公共媒体中及时准确地获得，此时就需要委托有关单位或个人专业完成信息的收集工作。特别是产品以销往外地或国外为主的生产单位，要及时、准确掌握外地、外国的市场行情，可以通过付费的方法，委托当地的人员或单位完成信息的收集工作。

十、购买信息

目前，社会上有专业的信息中心、咨询中心等。这些单位的主要业务是为有关企业或个人收集其所需要的信息。这些单位的专业性比较强，信息渠道广，经验比较丰富，通过合同可以对其工作提出明确的要求，购买的信息比较可信。在进行生产经营重大决策，如项目可行性研究以及投标等时，通过购买获取完整的信息，常常有较好的效果。

第二节 收集农业信息时需要注意的问题

21世纪是信息化的社会，社会上的信息很多，收集农业信息并不难，但用较小的投入收集到有用的信息并不容易。在收集农业经营信息时需要注意以下问题。

一、有明确的目的

在形形色色的信息面前，农业经营管理者始终需要掌握的一点是，农业生产的目的是获取更大的盈利，是取得良好的经济效益。为此，需要在降低生产成本的同时，提高生产的收益。农业生产经营信息的收集要服务于这一目的。

二、收集有用的信息

面对社会上的大量信息，判断哪些信息是有用的，哪些信息是无用的有一定难度，也需要做大量的工作。根据成功企业的经验，可以用以下五个标准判断信息的有用性。

有效性。即该信息用于农业生产中是否可以获得相应的效果，可以提高生产的效率或降低生产的成本，可以解决农业生产中的问题。

可靠性。在收集农业信息时,可靠的信息往往来自权威的信息发布单位,如农业部发布的农业信息,专业刊物上专家发布的信息等。

及时性。对于当前生产经营决策中所用的信息最好是实时信息,或者是在有效期内的信息。

准确性。信息不准确的原因是多方面的。信息收集人员的失误,计量工具的不准确,收集人员迎合信息需要者的偏好,以及有意发出的不准确信息都会影响信息的准确程度。即使是权威信息发布单位发布的信息在特定情况下也会有较大的偏差,利用不准确的信息制定决策必定会产生失误。

全面性。在农业生产中,收集新技术、新产品的信息时还需要注意信息的全面性。在我们看到的有关材料中,各种新技术的信息往往强调其优点的一面,而对于这种技术的缺点、问题、不适用的场合等很少提及。对于新品种也常常是强调其增产、增收的作用,对其缺点和问题很少有详细的说明。此时需要农业生产单位进一步了解这些新技术、新产品的缺点及问题等,只有掌握全面的信息才能对事物有正确的认识。

三、适当收集信息

在信息社会中,收集信息要有适当的度,既不要忽视信息的收集工作,也不要过量收集信息。我们收集信息的目的是增加农业生产的收益,一般情况下,只要收集信息的投入小于农业生产增收的产出,就可以认为信息收集的工作量是适当的。如果将投入于农业信息收集的工作用于农业生产的其他方面会有更高的收益时,就可以认为此时农业信息收集的投入量已经过大,需要适当减少这方面的投入,转到农业生产经营工作的其他方面。

四、信息的应用

收集信息的目的是为了应用,信息的应用主要有以下5个过程。

(一) 筛选

筛选是对信息进行分类与挑选,筛选信息时有不同的分类方法,常用的是根据重大和紧迫程度对信息的分类。首先选出重大而紧迫的信息,这些信息有重大影响,而且需要立即采取相应对策;其次是选出不重要但很紧迫的信息,这些信息虽然没有重大影响,但需要立即采取相应的对策;再次是选出重大但不紧迫的信息,这些信息的内容需要认真考虑,但不需要马上处理;最后是选出不重要也不紧迫的信息,这些只是参考信息,有时间和精力时可以考虑,也可以不考虑。

(二) 鉴别

鉴别是去除虚假不实、可疑信息,保证采用的信息真实可信。鉴别信息时,既要注意不要将虚假的信息当作真实的信息,同时也要注意不将真实的信息当成虚假信息。无论出现哪一种情况,都会对指导农业生产带来不利的影响。

鉴别信息真伪的方法有很多,简单的方法有以下3种:一是逻辑推理的方法,不合乎逻辑的是可疑信息;二是验证方法,即通过其他渠道得到的信息与需要鉴别的信息内容是否一致,不一致的是可疑信息;三是确定信息发布单位的方法,不可信单位发布的信息也是可疑信息。

(三) 分析

信息的分析是对有关信息去粗取精,去伪存真,由此及彼、由表及里的认识过程。信息只表达了客观的情况,这些信息反映了哪些问题需要进行分析才能够真正认识。对信息的分析有不同的方法，其中定性分析是对信息性质的认识，而定量分析是对信息中有关数量的认识。收集来的信息反映的是零星的、表面的、杂乱的情况，将相关的信息综合在一起，利用表格、图形等数量分析的工具，有助于认识收集到的信息中有哪些规律性。

(四) 判断

判断是指根据信息分析来判别当前以及未来可能发生的变化，并根据变化来做出自己的决策。判断的基础是信息的收集、分析，以及对所掌握信息的深入思索。由于农业生产的周期较长，能否提前做好准备，抓住有利的机会，避开不利的风险，主要取决于对当前形势判断的正确与否。为了获得更好的收益，除了趋势的判断外，还需要有数量上的判断，如对于产品市场价格的变化，仅仅能够判断未来上涨还是下降是不够的，能够判断未来市场在哪一时点，有多大幅度的价格变化，才更有利于农业经营管理者做出正确的抉择。

(五) 验证

对于重大信息的有效性和可信程度，仅仅有对于信息的分析和鉴别还是不够的，如果有条件，在进行决策前还需要进一步对相关信息进行验证。验证可以帮助我们坚定信心或避免失误。农业经营管理者验证信息的主要方法有两个：一是小型实验，特别是对于农业新技术、新产品是否适合当地的条件，是否能够为现有的生产者所掌握等，通过小型实验的方法进行验证可以更完全地掌握有关信息的内容。二是进行实地调查，所谓眼见为实，通过实地考察认识信息的内容，检验其真伪。

第三节 农业生产经营需要发布的信息

农业生产经营需要发布的信息主要包括生产资料需求信息、专业服务需求信息、产品供给信息以及贯穿于整个过程的经营管理信息。

一、生产资料需求信息

市场上有大量的生产资料销售商,这些生产资料的销售商掌握着不同价格和质量的生产资料。农业经营管理者及时发出对生产资料的需求信息,有助于沟通与供应商的联系,得到所需要的农业生产资料。

二、服务需求信息

目前,农作物生产从生产前的土壤分析,生产中的机耕、播种到生产后的收割、储存和运输都有专业服务的组织。在畜牧业生产中,从养殖场的设计,种苗的提供,畜禽的防疫,到饲料的供应、产品的运输等也都有专业服务组织。及时发布服务需求信息,联系质量高、收费合理的专业服务队伍,既可保证不误农时,又可以提高工作效率。

三、产品销售信息

农业生产的绝大多数产品需要通过市场销售。目前虽然有大量的农产品收购商直接找到农业经营者,但为了更有效地完成销售,农业经营者还需要及时发布有关产品销售的信息,使更多的经销商了解当地农业生产的品种、数量、质量等。

四、经营管理需求

通过发布农业生产所需的劳动力、经营管理人才等相关信息，可以扩大对生产和管理人员的选择面，找到更适合于农业生产的员工，提高农业的生产效率。通过相关信息的发布，还可以找农业生产所需要的土地、水面及扩大农业生产所需要的资金、技术、培训等方面的支持。

第四节 发布信息的渠道

发布农业经营信息的渠道多种多样，主要有以下几种。

一、口头传递

口头传递是通过交谈、电话等以口头形式表达需要传递的信息。人员推销是口头传递的一种典型形式，这一方法指销售人员携带一定的宣传材料，口头介绍自己的产品，包括产品的价格、特点、生产单位的联系方法等。发布的口头信息要清楚、明确。发出信息后要守信，有关承诺要落实。

二、发布广告

对于需要经常发布的信息，还可以采用广告的形式。最简单的广告有农业生产单位的宣传牌，说明本单位的性质、生产的特点和主要产品、联系人、联系方法等。另外，针对相关活动制作的印刷品，以及农产品包装物上的说明等也有广告的作用。如果有特殊的需要，还可以考虑在公众媒体上发布广告。

三、展览、展销

根据不少农业经营管理者的经验，大多数新产品在相关的展览、展销会上进行宣传，往往能够获得较好的效果。特别是在地区性或专业性的展览、展销会上，由于参会的人员有明确的目的，专业性较强，对农业生产单位发布的信息比较敏感，同时接收信息的人员多数有一定的决策或建议权，有时只需要有几个大中型生产经营单位的相关人员注意到本单位所发布的信息就能够收到明显的效果。

四、专业会议

专业会议集中了相关行业的管理人员或技术人员，在这种专业会议上如果能够发布本单位的信息也会有较好的效果。如林果生产者在饮料专业会议上发布果品生产的信息，粮食生产者在饲料会议上发布饲料粮生产的信息，蔬菜和畜禽生产单位在餐饮行业的会议上发布的农产品生产信息等均属于生产单位向需求单位直接发布的信息，常常可以带来直接的效益。另外，在相关的农业技术研讨会上发布对技术的需求信息，在生产资料行业举行的会议上发布对生产资料的需求信息同样可能取得直接的效果。

五、互联网络

随着互联网络的普及，利用互联网发布信息成为农业经营管理者普遍采用的方法。互联网上发布的信息可图文并茂，生动直观，随时更换。同时，在互联网上发布信息的投入不高，技术不复杂，接受信息的区域广泛，有利于将生产的产品介绍到世界各地。

第五节 发布信息需要注意的问题

一、信息发布的权限

只有经营负责人才有权力发布农业生产单位的信息,员工和下属未得到许可是不能发布信息的。

二、保守生产经营机密

生产经营者在发布有关信息时要保守生产经营中的机密,注意不要在发布信息时将企业内部的消息透露出去。如农业生产的成本、价格底线与其他单位的交易情况等。发布信息时只发布让有关单位和人员了解的内容,不要将无关内容也同时发出。如急需某些生产资料的信息发布中不宜将"急需"透露给供应商,否则在以后合同的谈判中将处于不利的地位。在销售信息发布时亦如此,即使是在销售有一定困难,单位急需资金周转的情况下,也不宜将"急需"资金周转这类信息透露给收购商,这样容易让收购商压低农产品的收购价格。

三、把握机会

对于每个地区或特定的农产品,在特定的时间内发布信息常常有较好的效果,在发布信息时,要注意把握这类的机会。如当地举办与农产品有关的活动时,或外来经销、采购商大量涌入时,或外来人员较多时,此时发布信息可能让更多的专业人员或消费群体所认识,一旦错过这一时间,进行的工作会事倍功半。

四、突出重点

发布信息的目的是让有关人员认识或感兴趣。由于目前社会上发布的信息数量庞大,让有关人员重视农业经营管理者发布的信息并不容易。这就需要在发布信息前详细分析我们需要解决的主要问题是什么,哪些可能引起相关人员的兴趣,在发布信息时要对发布的内容精心整理以突出重点,发布的内容要短小精悍,一目了然,这样的信息往往会有好的效果。

五、衡量效益

发布信息需要有一定的投入,这就需要对发布信息的方式、方法、力度、投入量等有一定的选择,力求用经济实用的手段,以最小的投入,获取最大的收益。在实际工作中,农业经营管理者发布信息时都不会只用单一的方法,而是多种形式的组合,此时,如何组合才有更好的效果,也需要有一定的衡量。从信息的发布到取得效益有时需要有一个过程,对于不能立竿见影的信息,也需要在一定的时间内坚持发布,让有关的经销商对生产单位的需求等有更深的印象和了解。

第六章　新型农民产业化经营意识

第一节　农业产业化经营概念

农业产业化经营，是指以国内外市场为导向，以提高经济效益为中心，对当地农业的支柱产业和主导产品实行区域化布局、专业化生产、一体化经营、社会化服务、企业化管理，把产供销、贸工农、经科教紧密结合起来，形成一条龙的经营体制。

农业产业化经营主要包括3个方面：一是形成横向一体化经营，变弱小而分散的农户为一定规模的农业组织，降低生产成本和交易成本，提升农业生产者的市场地位；二是形成纵向一体化经营，改变农民单纯的生产初级原料的角色，以动植物生产为中心，向相关产业的下游进行延伸，鼓励进行深加工，提高收益水平和增加农民的可支配收入；三是实现农业生产经营的工厂化，克服农业自身的特点，强化对农业生产的人工控制，提高生产的稳定性和抗自然灾害的能力。

第二节　农业产业化经营模式

一、"龙头"企业带动型经营模式

"龙头"企业带动型经营模式，即公司+基地+农户模式。

以公司或集团企业为主导,以农产品加工、运销企业为"龙头",重点围绕一种或几种产品的生产、加工、销售,与生产基地和农户实行有机的联合,进行一体化经营,形成"风险共担,利益共享"的经济共同体。在实际运行中,公司企业联基地,基地联农户,进行专业协作。这种形式在种植业、养殖业特别是外向型创汇农业中最为流行,各地都有比较普遍的发展。

二、市场带动型经营模式

市场带动型经营模式,即专业市场+基地农户的模式。是指以一个专业批发市场为主与几个基地收购市场组成的市场群体,其中,区域性专业批发市场应具有较完备的软硬件服务设施和措施,并且具有较大的带动力,以带动周围大批农民从事农产品商品生产和中介贩卖活动,形成一个规模较大的农产品商品生产基地和几个基地收购市场,使区域性专业批发市场不仅成为基地农产品集散中心,而且成为本省乃至全国范围的农产品集散地。

三、中介组织带动型经营模式

中介组织带动型经营模式,即"农产联"+企业+农户的模式。它是指以中介组织为依托,在某一产品的再生产全过程的各个环节上,实行跨区域联合经营,逐步建成以占领国际市场为目标,企业竞争力强,经营规模大,生产要素大跨度优化组合,生产、加工、销售相联结的一体化经营企业集团。这种类型的中介组织主要是行业协会,尤以"山东省农产品生产加工销售联席会议"("农产联")为典型代表。

四、综合开发集团带动型经营模式

农业综合开发集团带动型经营模式,是指一些企业集团根据市场需要,发展某种支柱产业项目,并转包给农民,按照合同规定,实行统一品种、统一技术措施、统一收获期、统一收购、统一加工销售等,开发集团为农户提供全方位的服务,承包农户与综合开发集团形成利益共同体的一种产业化经营模式。

五、主导产业带动型经营模式

主导产业带动型经营模式,是指从利用当地资源、发展特色产业和产品入手,多种经营起步,走产业化经营之路,发展一乡一业、一村一品,逐步扩大经营规模,提高产品档次,组织产业群、产业链,形成区域性主导产业和拳头产品的模式。

第三节 发展农业产业化经营、建立健全体系机制

一、发展农业产业化经营,扶强做大农业龙头企业

(一)打破所有制界限,一视同仁地给予扶持

要根据龙头企业带动农户及建立基地情况进行扶持,逐步把目前由政府和部门兴建的示范基地转变成在政府规划引导下由龙头企业作为运作主体实施的农产品基地。

(二)制定不同的扶持标准

把扶持农业龙头企业与欠发达地区经济发展相结合制定不同的扶持标准,充分考虑不同地区、不同产业、不同发展阶段

的特点和实际,实行分类指导、重点扶持。

(三) 提高农业龙头企业参与国际竞争能力

引导同类农业龙头企业通过商会、协会等途径组建行业协会,实行行业自律,提高参与国际国内市场竞争的组织化程度。加快农业龙头企业股份制改造,按照现代企业制度的要求,建立产权明晰、权责明确、政企分开、管理科学的现代企业运行机制和管理机制。

(四) 对骨干农业龙头企业实行动态管理

每年根据考核评价指标,对建立基地面积大、带动农户能力强、产品科技含量高、出口创汇能力强的农业龙头企业给予奖励,做到优胜劣汰。

二、发展农业产业化经营,建立完善农业社会化服务体系

为建立和完善诸如信息服务体系、科技推广服务体系、农产品质量和标准检测体系、销售服务体系、物资供给服务体系,政府要增大资金投入、金融机构要创新贷款形式,加大对农产品种植、加工的资金支持力度。通过政策引导、资金支持、环境治理等多种方式促进市场发育,推动农业产业化条件的不断成熟和完善。要调整完善财政扶持政策。要积极推劫各级财政逐步增大农业产业化专项扶持资金规模,争取在龙头企业的贷款贴息、出口补贴以及农村中介组织专项补贴等方面有所突破。

三、发展农业产业化经营,完善农产品市场体系

(一) 要建立农产品批发市场

加快资金、劳务、技术等生产要素市场体系建设。

(二) 统一规划,加强立项管理

逐步在全国形成布局合理、产销结合、公平竞争、统一开放的农产品市场体系。重点培育农村产地农产品批发市场发展。

(三) 逐步建立农产品市场准入制度

促进无公害绿色农产品发展。重点以果菜等鲜活农产品批发市场为窗口,建立市场准入制度,从加强管理着手,配置检测设备,规范检测手段,对不符合要求的不让其进场交易。

(四) 加强市场开拓

加大农产品贩销大户、经纪人队伍培育,以市场为依托,通过组建农产品贩销户行业协会的途径,提高农产品经营户的组织化程度。以市场为中介,通过举办农产品展销会,牵头与大中城市市场建立业务关系等多种途径,扩大当地农产品对外宣传,提高市场知名度,使更多的农产品走向国内外市场。

四、建立健全农业产业化发展的保障机制

(一) 政府要坚持以农为本的治国理念

采取切实可行的政策措施,加大财政支农力度,同时大力发展政策性金融,多渠道增加对农业的货币投入,解决农业产业化过程中资本不足的问题,以激活农村经济发展的各种要素。

(二) 农业结构调整是一个长期的动态优化过程

政府应着手建立农业产业化发展基金,提高农业抵御风险的能力,支持农业产业结构的调整,探索发挥期货市场套期保值的功能,通过期货交易对农产品进行保值增值。

(三) 建立健全农业产业化的法律保障机制

为农业产业化发展创造一个良好的环境。实施特色农产品

原产地保护制度和农产品质量绿色安全行动，推进农产品标准化，加强市场监管，全面提升农产品的质量安全水平。

(四) 推进户籍制度改革

促进农村剩余劳动力向非农部门的转移，以保证农业经济结构调整的顺利推进。

(五) 进一步延长土地承租合约

推进土地有序流转，实现农业的适度规模经营，提高农业产业化绩效。

第七章　新型农民科学技术推广意识

第一节　农业技术推广的方针和原则

一、农业技术与农业技术推广

农业技术,是指应用于种植业、林业、畜牧业、渔业的科研成果和实用技术,包括良种繁育、施用肥料、病虫害防治、栽培和养殖技术,农副产品加工保鲜、贮运技术,农业机械技术和农用航空技术,农田水利、土壤改良与水土保持技术,农村供水、农村能源利用和农业环境保护技术,农业气象技术以及农业经营管理技术等。

农业技术推广,是指通过试验、示范、培训、指导以及咨询服务等,把农业技术普及应用于农业生产产前、产中、产后全过程的活动。农业技术推广是科学与生产之间进行联系,促进科技成果和实用技术转化为直接生产力的桥梁,是科研成果的继续和延伸。

二、农业技术推广的方针

一是国家依靠科学技术进步和发展教育,振兴农村经济,加快农业技术的普及应用,发展高产、优质、高效益的农业;二是国家鼓励和支持科技人员开发、推广应用先进的农业技术、鼓励和支持农业劳动者和农业生产经营组织应用先进的农业技术;三是国家鼓励和支持引进国外先进的农业技术,促进农业技术推广的国际合作与交流。

三、农业技术推广的原则

(1) 有利于农业的发展。
(2) 尊重农业劳动者的意愿。
(3) 因地制宜,经过试验、示范。
(4) 国家、农业集体经济组织扶持。
(5) 实行科研单位、有关学校、推广机构与群众性科技组织、科技人员、农业劳动者相结合。
(6) 讲求农业生产的经济效益、社会效益和生态效益。

四、政府和农业技术推广行政部门的职责

(一) 政府在农业技术推广工作中的职责

《农业技术推广法》第七条对各级人民政府在农业技术推广工作中的职责作了明确规定。"各级人民政府应当加强对农业技术推广工作的领导,组织有关部门和单位采取措施,促进农业技术推广事业的发展"。这清楚地表明,各级人民政府在农业技术推广中负有两个方面的职责:一是有领导职责;二是有组织协调政府所辖与农业技术推广有关的部门和单位采取措施,支持并为农业技术推广提供保障、促进农业技术推广事业发展的职责。

(二) 农业技术推广行政部门

在农业技术推广中的职责《农业技术推广法》第九条规定:"国务院农业、林业、畜牧、渔业、水利等行政部门按照各自的职责,负责全国范围内的有关农业技术推广工作。县以上地方各级人民政府农业技术推广行政部门在同级人民政府领

导下，按照各自的职责，负责本行政区域内有关的农业技术推广工作。同级人民政府科学技术行政部门对农业技术推广工作进行指导。"这一规定明确了农业技术推广的行政管理体制和管理范围。各级农业、林业、畜牧、渔业、水利等行政部门是同级农业技术推广的主管部门。各级农业技术推广行政部门负责本区域内的农业技术推广工作。同时，还明确了科学技术行政部门与农业技术推广之间的关系是指导关系。

第二节 农业技术推广体系

农业技术推广体系是农业社会化服务体系和国家对农业支持保护体系的重要组成部分，是实施科教兴农战略的重要载体。

一、农业技术推广体系的构成

《中华人民共和国农业技术推广法》第十条规定："农业技术推广，实行农业技术推广机构与农业科研单位、有关学校以及群众性科技组织、农民技术员相结合的推广体系。"可以看出我国的农业技术推广体系是由5个部分构成的，是多层次、多成分的农业技术推广体系。在农业技术推广体系构成的五个部分中，农业技术推广机构是专业技术推广机构，是代表国家从事农业技术推广工作的，是农业技术推广的主体及核心。

二、国家专业农业技术推广机构的职责

乡镇以上各级国家专业农业技术推广机构的职责主要是：
(1) 参与制订农业技术推广计划并组织实施。
(2) 组织农业的专业技术培训。

(3) 提供农业技术、信息服务。

(4) 对确定的农业技术进行试验、示范。

(5) 指导下级农业技术推广机构、群众性科技组织和农民技术人员的农业技术推广活动。

第三节 农业技术的推广与应用

一、农业技术推广项目的制定和实施

《中华人民共和国农业技术推广法》第十七条对农业技术推广项目的制定和实施作了明确规定："推广农业技术应当制定农业技术推广项目。重点农业技术推广项目应当列入国家和地方有关科技发展计划，由农业技术推广行政部门和科学技术行政部门按照各自的职责，相互配合，组织实施。"重点农业技术推广项目，科学技术行政部门应当列入科技发展计划，并指导农业技术推广行政部门组织实施。

二、推广农业技术要农业科研、教育、推广相结合

农业科研、教育、推广三者之间有各自的功能和优势，把三者有机地结合起来，有利于发挥"三农"的整体功能和综合效益，推进农业科技进步，加快农业发展。《中华人民共和国农业技术推广法》第十八条规定："农业科研单位和有关学校应当把农业生产中需要解决的技术问题列为研究课题，其科研成果可以通过农业技术推广机构推广，也可以由该农业科研单位、该有关学校直接向农业劳动者和农业生产经营组织推广。"上述规定强调了"三农"结合加快农业技术推广的作用，明确了农业科研、教育、推广各自的工作重点，并对农业

科研和有关学校的技术成果推广问题进行了规范。

三、农业技术推广的无偿和有偿服务

农业技术推广的目的在于把先进、实用的农业技术普及应用于农业生产实践,从而促进农业生产的发展,是一种以社会效益为主的公益性事业。其本质是国家对农业扶持的一种形式。因此,向农业劳动者推广农业技术要避免增加他们的负担。《中华人民共和国农业技术推广法》第二十二条规定,国家农业技术推广机构向农业劳动者推广农业技术除法定情形外,实行无偿服务。所以,国家农业技术推广机构所需要的经费,应由政府财政拨给。

为适应农村市场经济发展的需要,调动农业技术推广机构、农业科研单位、有关学校和科技人员开发、推广农业技术的积极性,弥补事业经费的不足,《中华人民共和国农业技术推广法》第二十二条第二款规定:"农业技术推广机构、农业科研单位、有关学校以及科技人员,以技术转让、技术服务和农业技术承包等形式提供农业技术的,可以实行有偿服务,其合法收入受法律保护。进行农业技术转让、技术服务和技术承包,当事人各方应当订立合同,约定各自的权利和义务。"

四、农业技术推广的法律责任

在农业技术推广中,为保护农业劳动者的利益,调动农业劳动者和农业生产经营组织采用农业技术的积极性,推广农业技术的组织和个人要保证其推广的农业技术在推广地区具有先进性和适用性,并且要按照农业劳动者自愿的原则推广应用,不得强行推广,否则应当承担农业技术推广的法律责任。《中华人民共和国农业技术推广法》第十九条规定:"向农业劳动者推广的农业技术,必须在推广地区经过试验,证明具有先进性和适用性。向农业劳动者推广未在推广地区经过试验证明具有先进性和适用性的农业技术,给农业劳动者造成损失的,应当承担民事赔偿责任,直接负责的主管人员和其他直接责任人可以由其所在单位或者上级机关给予行政处分。"第二十条规定:"农业劳动者根据自愿的原则应用农业技术。任何组织和个人不得强制农业劳动者应用农业技术。强制农业劳动者应用农业技术,给农业劳动者造成损失的,应当承担民事赔偿责任,直接负责的主管人员和其他直接责任人可以由其所在单位或者上级机关给予行政处分。"这些法律责任的规定,是与农业技术推广应遵循的原则相呼应的。

第八章 职业农民基层民主意识

第一节 农村基层民主与村民自治

一、农村基层民主概述

农村基层民主法制建设,是在党的领导下亿万农民依照法律和规章制度管理基层公共事务和公益事业的生动实践,是实施依法治国方略的基础工程,是社会主义政治文明建设的重要组成部分。党和国家历来十分重视农村基层民主法制建设。改革开放,特别是十三届四中全会以来,农村基层民主法制建设有了长足发展,取得了显著成效。

二、加强农村基层民主建设的措施

尽管我国农村的基层民主建设取得了很大的成就,但是在建设社会主义新农村的背景下,对我国农村基层民主法制建设提出了新的更高的要求。进一步加强农村基层民主法制建设,对于全面贯彻落实"三个代表"重要思想,实现和维护农民群众的根本利益,推进我国民主政治建设进程,建设社会主义政治文明,维护社会稳定,都具有十分重要的意义。

(一)扩大农村基层民主,全面推进农村民主政治建设

农村民主政治建设工作的要求是:健全民主选举制度,规范民主决策程序,完善民主管理机制,强化民主监督力度。村

党组织、村委会、村经济合作社等基层组织都要按照这个要求，加强自身建设，明确职责，理顺关系，保证农民群众直接行使权利，依法管理自己的事情，真正让群众当家做主。

（二）积极开展"民主法治村"建设，全面推进依法治村

1. 坚持以点带面，整体提高创建水平

重点培育各地区"民主法治示范村"，同时，通过这些村的典型示范，辐射带动周边各村，形成循序渐进、稳步发展的良好态势。

2. 把握重点环节，进一步提高民主化程度

民主法治示范村创建工作面广、量大，涉及村务工作的方方面面，在创建活动中，必须紧紧围绕民主选举、民主决策、民主管理、民主监督等重点环节，抓好村级各项制度的制定、完善和落实，真正做到依法建制、依制治村，切实保证村民的民主权利，确保村级各项工作管理规范、运作有序。要坚持统筹兼顾，把"民主法治示范村"创建活动与农村其他创建活动有机结合起来，最大限度地维护人民群众的根本利益。

3. 加强对农民的教育引导，形成广泛参与的创建格局

一要更新观念，促使农村普法教育呈现新特色。农村普法教育，不能眉毛胡子一把抓，要坚持以人为本的科学发展观，农民渴望什么，就送给什么，最需要什么，就宣传什么，重点宣传与农民生产生活密切相关的法律法规，把服务农民、切实维护农民的根本利益作为新农村普法教育的出发点和落脚点。二要整合资源，促使农村普法教育得到新发展。要整合职能资源，强化并规范基层涉农部门工作职能，充分发挥人民调解、法律服务、安置帮教、行政执法、司法公正等法制宣传教育功能，提高普法教育的社会效益。要整合人才资源，组建由人民调解员、司法助理员、法律服务工作者、行政执法人员、法

官、警官和检察官组成的"普法讲师团",开展经常性的"送法下乡"活动,变"法律下乡"为"法律驻乡"。要整合阵地资源,充分发挥法制学校、法律图书室、电视广播、墙报标语等积极作用,把法治文化和法律知识送给农民。三要创新载体,促使新农村普法教育新成效。要创新宣传形式,选择农民最喜爱、最易接受的宣传方式,寓教于乐。

三、村民自治与农村基层民主

村民自治,是指村民通过村民自治组织依法办理与村民利益相关的村内事务,实现村民的自我管理、自我教育和自我服务,从而实行民主选举、民主决策、民主管理、民主监督的一项基本社会政治制度。依法实行村民自治,是发展农村民主政治的需要,是农民当家做主的有效形式。依法实行村民自治,对于理顺群众情绪、处理人民内部矛盾、规范村务管理、密切干群关系、调动农民积极性等方面具有不可替代的作用,是解决农村社会问题、化解人民内部矛盾的有效途径。村民自治制度是我国农民利益表达和政治参与的重要制度。

村民自治是中国民主政治建设的试验点和突破口,发展农村基层民主的唯一途径就是要在党的领导下,依靠广大农民的不懈努力来消除存在的制约因素,为村民自治创造条件,因此要搞好基层民主,必须非常注重制度建设。事实表明,村民自治的实际效果与基层各项民主制度的规范性有很大关系。一要严格选举程序,建立和完善村民委员会的直接选举制度。民主选举是村民自治的基础和前提条件,因此必须搞好。二要建立和完善村民议事制度和村民听证会制度。三要建立和完善村务公开等公开办事制度,最大限度地体现民情民意。凡是村民关注的、关系到大家切身利益的问题,都要定期向村民公布;凡村组建设规划宅基地审批、财务收支等事项,都要及时向群众公布。四是实行民主决策,完善村委会的治理结构。要按村委会组织法,落实民主决策、民主管理和民主监督机制。

第二节 人民调解

一、人民调解委员会的职责和方针

(一) 人民调解

人民调解是人民群众运用自己力量实行自我教育、自我管理、自我服务的一种自治活动。具体来说,它在人民调解委员会主持下,以国家法律、法规、规章、政策和社会公德规范为依据,对民间纠纷双方当事人进行调解、劝说,促使他们互相谅解、平等协商,自愿达成协议,消除纷争的一种群众自治活动。人民调解也是我国社会主义民主与法制建设中的重要组成部分。

(二) 人民调解委员会的主要职责

人民调解委员会主要职责有:一是依据国家法律法令及有关规定调解有关民间纠纷,主要调解有关财产、权益、人身和其他日常生活中发生的纠纷,它主要指恋爱、婚姻、家庭、赡养、抚养、继承、债务、房屋、宅基地等纠纷,以及因争水、争田、争农机具引起的经营性纠纷;二是宣传法律、法规、规章和国家的政策,教育公民遵纪守法,尊重社会公德;三是向村民委员会、乡镇人民政府报告民间纠纷调解工作情况,并及时反映群众的意见和要求。

(三) 人民调解的工作方针

人民调解工作方针是"调防结合,以防为主,多种手段,协同作战"。这工作方针有以下含义:一是人民调解委员会要及时有效地调解各类矛盾纠纷;二是防止矛盾纠纷激化,以防止矛盾纠纷激化为人民调解工作的重点;三是要针对矛盾纠纷的发生、发展规律、特点,有针对性地开展纠纷预防,减少矛盾纠纷发生;四是要与有关部门密切配合,运用经济、行政、法律、政策、说明教育等多种手段化解矛盾纠纷;五是要在党委、政府的领导下,主动与各有关部门结合起来,相互协调、相互配合,共同化解新形势下的矛盾纠纷。

二、人民调解委员会的设立

根据农村实行联产承包制的新情况,有些地区的农村人民调解委员会,实行调解委员包户、调解小组包片、调解委员会包面这种层层落实责任制的形式;也有的地区村与村之间成立联合人民调解组织,来负责解决不同村的村民之间发生的纠纷,以适应已经变化了的农村政治、经济形势。

人民调解委员会的管辖大体有4种做法:

(1) 纠纷当事人双方户口在同一调解委员会辖区内的,由该调解委员会管辖。

(2) 当事人双方户口不在同一个辖区,发生了纠纷,由纠纷发生地调解委员会主动联合另一方调解委员会调解。

(3) 当事人户口所在地与居所地不一致的,由居所地调解委员会管辖。

(4) 厂矿企业内部职工因婚姻、家庭和财产权益等发生纠纷,由企业内部调解委员会调解。

三、做好调解工作

(一) 人民调解委员会要进行普法宣传教育

人民调解委员会的法制宣传工作,主要采取以下3种方法。

1. 通过调解工作进行宣传

通过对纠纷的调解进行宣传,调解哪一种纠纷,即宣传哪一方面的法律、法规、政策和有关的道德规范,采取以案释法,就事讲道德,把法律与道德结合起来。通过典型案例宣传,针对性强,当事人和有关群众看得见,听得懂,便于记,收效会更显著。

2. 针对纠纷发生的规律进行宣传

民间纠纷的发生,也和其他事物一样,一般有规律性,只要细心观察,认真掌握,调解就能收到事半功倍的效果。例如在农村,春节前后结婚多、赌博多,容易发生婚姻家庭纠纷;年终结算分配多,容易发生赡养纠纷;农忙季节生产活动多,容易发生争水、争农机具的纠纷;农闲季节建房多,容易发生房宅基地纠纷,等等。人民调解委员会要善于掌握这些规律,在不同时期,针对多发的纠纷种类,进行有关法律、法规、政策、社会公德的宣传教育。

3. 配合普法进行宣传

普法教育是全民性的法制宣传教育,规模较大,持续时间久。人民调解委员会要抓住时机,针对民间纠纷的具体情况,进行社会主义法制和社会主义公德的教育,容易收到较好的效果。

(二) 人民调解委员会应建立工作制度

建立和健全必要的人民调解工作制度,是加强人民调解委员会的业务建设,提高调解人员素质的一个重要方面,同时也是做好人民调解工作的有效保证。人民调解工作制度的建立,应当因地制宜,讲求实效,以便有利于纠纷的及时正确解决。根据《人民调解委员会组织条例》规定和调解工作的实践经验,人民调解委员会应当建立以下几项主要工作制度:

（1）纠纷登记制度。
（2）纠纷讨论和共同调解制度。
（3）岗位责任制度。
（4）矛盾纠纷排查制度。
（5）回访制度。
（6）矛盾纠纷信息的传递与反馈制度。
（7）统计制度。
（8）文书档案管理制度。此外，还包括例会制度、培训制度、请示汇报制度、评比制度、业务学习制度等。

（三）对调解人员的要求

在人民调解工作方针中的"调防结合，以防为主"，调解是基础，预防是重点。调解人员要立足于调解，扎扎实实地做好调解工作，必须做到：

（1）思想上重视。要充分认识到做好调解，是贯彻人民调解工作方针的首要环节，是进一步搞好预防的前提和基础。

（2）要掌握调解技巧。针对不同当事人的不同特点，采取灵活的调解方式和调解方法，一把钥匙开一把锁，才能收到事半功倍的效果。

（3）工作上努力。人民调解工作是一项艰苦细致的思想政治工作，这就要求调解人员不仅要为人公正，具有一定的法律专业知识和政策水平，更要有全心全意为人民服务的思想，这样才能在调解工作中，不怕苦、不怕累，不怕打击报复，不计较个人得失，才能做好调解工作。

四、民间纠纷的调解和处理

（一）对民间纠纷处理办法的规定

1990年4月19日，司法部发布的《民间纠纷处理办法》

中对处理民间纠纷做了如下规定。

①处理民间纠纷,应当充分听取双方当事人的陈述,允许当事人就争议问题展开辩论,并对纠纷事实进行必要的调查。

②处理纠纷时,根据需要可以邀请有关单位和群众参加。被邀请的单位和个人,应当协助做好处理纠纷工作。跨地区的民间纠纷,由当事人双方户籍所在地或者居所地的基层人民政府协商处理。

③处理民间纠纷,应当先行调解。调解时,要查明事实,分清是非,促使当事人互谅互让,在双方当事人自愿的基础上,达成协议。

④调解达成协议的,应当制作调解书,由双方当事人、司法助理员署名并加盖基层人民政府印章。调解书自送达之日起生效,当事人应当履行。

(二)民间纠纷包含的内容

民间纠纷一般指发生在公民与公民之间的涉及人身权利、财产权益和其他日常生活中的争执。例如:婚姻、家庭、赡养、扶养、抚育、继承、债务、房屋、房宅基地、邻里、赔偿、土地、山林、水利、农机具等一般常见的民事纠纷。

属于人民调解委员会调解的纠纷包含纠纷主体为家庭成员、邻里、同事、居民、村民等相互之间,因合法权益受到侵犯或者发生争议而引起的纠纷;按其表现形式分为人身权利纠纷、婚姻纠纷与家庭纠纷、财产权益纠纷、生产经营性纠纷和损害赔偿纠纷等。

1. 人身权利纠纷

主要包括因人身自由,人格尊严以及名誉、荣誉等一般轻微侵权行为引起的纠纷。

2. 婚姻纠纷与家庭纠纷

婚姻纠纷主要包括因恋爱解除婚约、夫妻不和、离婚、离婚带产、寡妇改嫁带产、借婚姻关系索取财物等引起的纠纷；家庭纠纷主要包括婆媳、妯娌、兄弟姐妹、夫妻之间因分家析产、赡养、扶养、抚育及家务引起的纠纷。

3. 财产权益纠纷

主要包括债务、房屋、宅基、继承等方面的纠纷。

4. 生产经营性纠纷

主要包括因种植、养殖、工副、买卖等生产经营方面引起的纠纷。此外，还包括因地界、水电、山林、树木、农机具使用和牲畜使用等生产资料方面引起的纠纷。

5. 损害赔偿纠纷

主要是指一般打架斗殴、轻微伤害等引起的民事赔偿纠纷。

当前，农村人民调解组织要重点调解土地承包政策实施过程产生的各种纠纷，农业产业化服务的经济合同纠纷，征购提留、各业承包、计划生育、划分宅基地、财物管理的干群纠纷。

(三) 民间纠纷的受理和调解

1. 人民调解组织受理纠纷有 3 种方式：即申请受理、主动受理和移交受理。申请受理指纠纷当事人主动要求调委会调解，这表明他们自愿选择调解方式解决纷争，有利于纠纷及时、正确的解决；主动受理是指人民调解组织主动调解，体现了它的自我管理的民主自治组织的性质，有利于防止矛盾激化；移交受理是指已告到基层人民政府、有关部门或起诉到法院的矛盾纠纷，基层人民政府、有关部门或人民法院认为更适宜通过人民调解方式解决的，在征得当事人同意后，移交当地人民调解委员会调解。

2. 在纠纷当事人申请调解和人民调解组织主动调解受理纠纷的方式中：都允许纠纷当事人选择人民调解员调解自己的纠纷。纠纷当事人一方或双方如果拒绝某调解员调解，经过解释，当事人仍然坚持的，人民调解组织应接受纠纷当事人的要求，派其信赖的人民调解员去进行调解。这样做，会更有利于纠纷的及时、公正调解。被替换的人民调解员不该有别的想法。

3. 纠纷受理后：调解的第一个步骤是查明事实、分清是非；第二个步骤是进行调解；第三个步骤是主持协商。上述顺序是进行调解的一般做法。对一个简单的小纠纷来说，由人民调解员一人主持，纠纷双方当事人参加，只需要很短的时间这三个步骤即可同时完成；对一个较大较难的纠纷来说，可能主持协商的人不止一个，双方当事人也可能不止二人，还可能有其他证人、鉴定人等参加，程序相对复杂，进行时间也可能较长。

4. 纠纷受理以后：调解员先要同纠纷双方当事人分别谈话，耐心听取双方的陈述，重视当事人举证，记取他们提供的证人证言及其他证据，需要查看现场的，应及时亲自查看现场，必要时可作现场勘查笔录。在与纠纷当事人谈话中，要实事求是、诚恳和蔼地指出和分析其明显的或其本人承认的缺点与错误，帮助他们提高认识、端正态度。然后向周围群众和一切知情人作调查，向当事人工作单位以及与纠纷有关的一切单位了解情况。总之，要从各方面进行调查，全面搜集证据，掌握第一手材料，查清纠纷事实真相，分清是非曲直。在此基础上，对适用哪些法规、政策或社会公德进行调解解决，做到心中有数，方能奏效。

5. 调解员：在查明事实，分清是非，并形成一个初步调解方案的基础上，即可开始对纠纷当事人进行调解。一般先背靠背，条件成熟时，也可面对面，以国家法律、政策、社会公德规范为依据，对纠纷双方进行说服疏导，同时征求群众和有关单位意见，但仅作参考。人民调解员独立自主地提出（比较大的复杂的纠纷，由人民调解委员会集体讨论决定）一个合情合理合法又切实可行的调解方案，根据这个初步方案，进行调解，当纠纷当事人双方意见一致，表示接受调解方案，或者双方意见与调解方案比较接近时，即可确定时间、地点开调解会，主持协商，这样方可取得调解的最佳效果。

6. 召开调解会："调解会"是人民调解组织调解民间纠纷解决具体问题时，主持纠纷双方当事人当面进行平等协商的一种主要形式，开"调解会"就如同人民法院与仲裁机关的"开庭"一样，都是有其特定含义的，与一般的所谓开会的含义有所不同。开调解会，必须是纠纷当事人双方出席进行。所以，纠纷当事人双方必须按人民调解组织通知的时间、地点出席调解会。调解会由人民调解员1~3人主持，小纠纷可由调解员1人主持，比较大的复杂的纠纷，可由2人或3人主持，由2人以上主持的，应由调解小组或调解委员会明确指定1名调解员为调解会的首席调解员。

7. 签写调解协议书：调解协议，就是在人民调解组织的主持下，纠纷双方当事人平等协商、解决纷争的一致意见。这是纠纷双方当事人同意的、人民调解组织认可的解决具体纠纷的意见和办法，即调解结果。它的内容一般用文字如实记载，形成一个书面的调解协议（即调解协议笔录），由人民调解组织存档备查，必要时，可作为人民调解委员会制发调解协议书（简称调解书）的根据。调解协议的主要内容应包括：调解时间、地点、人民调解员姓名、主要调解参与人姓名及身份等基本情况、纠纷双方当事人姓名及身份等情况、纠纷事实与争议焦点、调解理由；达成的具体协议事项、纠纷双方当事人签名或盖章、主要调解参与人签名或盖章、人民调解员签名或盖章。

调解协议最重要的核心内容是人民调解组织认可、双方当事人协商达成的具体协议事项，必须将这些事项具体、准确、完整地一一填写清楚。至于纠纷事实、争议焦点、调解理由等，由于双方已达成协议，一般可不必详细地交待和论述，可详可简。总之，调解协议要简明扼要，突出达成协议的具体事项。

凡是达不成协议，调解不能成立而结束调解的，人民调解组织和人民调解员应根据情况分别告知纠纷当事人：可申请司法助理员调解；也可申请基层法律服务所调解；还可提请基层人民政府处理；如果是仲裁机关管辖的纠纷，可向有管辖权的仲裁机关申请调解或裁决；如果是法律问题，可向有管辖权的人民法院起诉。这些途径只供纠纷当事人参考，由本人自愿选择。必要时，应劝告纠纷当事人冷静、理智、正确对待，依法办事，不可感情用事，扩大纠纷事态，更不可采取过激行动使矛盾转化为刑事犯罪。

(四) 调解协议的履行

达成调解协议以后，矛盾双方必须履行相关义务。履行调解协议的方式，可区分为自觉履行和督促履行两种。

1. 自觉履行

就是在调解协议中负有义务的一方当事人（简称义务人，下同），不需要人民调解组织的督促和享有权利的一方当事人（简称权利人，下同）的催促，自觉主动地履行协议中确认应尽的义务事项和具体要求，使协议得以兑现。

2. 督促履行

就是在协议确认的履行义务的时间已到或者已经超期，而义务人还没有履行义务的情况下，人民调解组织去提醒、催促义务人履行义务。督促不是强制，而是促使当事人在自愿的前提下，积极履行承担的义务。

人民调解组织主持达成调解协议之后，最关心的事情就是当事人双方能否信守履行协议。只有双方自愿信守、自觉履行协议规定事项之后，具体纠纷才完全彻底消除，调解才算最后成功。所以，人民调解组织在达成协议后，还要进行回访，了解思想动态，继续进行法制宣传与道德教育等思想工作，督促双方履行协议，巩固调解成果。

当事人达成调解协议后翻悔，拒不履行，或者履行了协议规定的部分义务而不履行剩余的其他部分义务，人民调解组织只能采取如下处理办法：

（1）经人民调解委员会研究决定，认为翻悔有理，双方当事人又请求或者同意人民调解组织重新调解的，可以重新调解。

（2）对翻悔有理，但不再接受人民调解组织重新调解的，以及经人民调解委员会研究决定，认为翻悔无理，再次说服教育，讲明无理翻悔后果，动员自觉履行而无效的，均应告知双方当事人自愿选择其他解决纠纷的方式。人民调解委员会应正告当事人切不可实施违法、犯罪行为，也不可扩大纠纷，造成严重后果。

第九章 提高新型农民素养的对策与途径

农业部组织实施新型职业农民素质培育工程,中央财政安排专项资金,开展新型职业农民素质培育。培训项目逐级下达到县区,各县区成立有农业、财政、发展改革、教育、人力资源和社会保障、金融、保险等部门参加的新型职业农民素质培育试点工作领导小组,设立办公室在农业部门,加强组织领导、计划指导、政策协调、模式总结、方案制订、项目监管、宣传表彰。

第一节 新型职业农民的素质培育机构、对象和组织培训

发展现代农业的根本出路在科技,关键在人才,最基础的就是要培育有科技素质、职业技能与经营能力的新型职业农民。但是,近几年随着我国经济的迅猛发展,工业化、城镇化的快速推进,越来越多的具有一定素质的农村青壮年劳动力逐渐从农业生产中转移到第二、三产业中。务农劳动力素质低、年龄大的趋势越来越明显,妇女、老人成为务农劳动力的主流,一些地区出现农村空心化,农村劳动力存在素质低、老龄化和农业兼业化问题。这些问题的出现已威胁到我国农业基础的稳固和国家粮食的安全。将来"谁来种地"已经成为现代农业发展中最棘手的问题,借鉴国外培育农业后继者的经验,加快培育新型职业农民刻不容缓。2012年"中央一号文件"

明确提出"培育新型职业农民",2015年"中央一号文件"又进一步提出创新农业生产经营机制,确立培育新型职业农民作为推进现代农业建设的核心和基础地位。培育新型职业农民,是城镇化加速推进背景下农民分业分化的必然趋势,也是推动我国农业现代化从初步实现到基本实现的基础和必要条件。

一、培训机构

各县区农业主管部门根据不同类别的培训任务,遵循公开、公正、公平的原则,在培训机构自愿申报的基础上,通过组织专家评审认定,择优确定培训机构,每个项目实施县承担任务的培训机构原则上不超过5家。要加强资源整合,充分发挥农业广播电视学校(农民科技教育培训中心)、基层农技推广机构、农民专业合作社和农业龙头企业等机构在农民培训中的作用。加强新型职业农民素质培育实训基地建设,将农民专业合作社和农业龙头企业产业基地、现代农业示范区、农业科技示范基地等重大农业项目实施场所作为重要的实训基地。

二、培训对象

从农业和优势产业发展的需求来确定培育对象,从类型上分:"三类协同"的培育对象。生产经营型选择专业大户、家庭农场主、农业庄园、农民合作社带头人、农业企业主作为培育对象;专业技能型选择长期、稳定受雇于新型农业经营主体的工人、雇员作为培育对象;社会服务型选择长期从事农业产前、产中、产后服务的农机服务人员、统防统治植保员、农村信息员、农村经纪人、土地仲裁员、测土配方施肥员等作为培育对象。凡项目县有"美丽乡村"创建的,每个村至少选5名新型职业农民作为培育对象。从现有身份上分:现有农民;

返乡农民工、退伍军人、大学生农村创业者为优选群体。原则上年龄不超过55岁，具有初中以上文化。

三、组织培训

严格按照农业部发布的《新型职业农民培训规范》中规定的培训内容、技能要求、学时分配、培训实施与考核评价等方面的要求开展培训。分级分类培训，对生产经营型开展全产业链技能培训，侧重生产管理与市场营销，累计培训时间不少于15天。对专业技能和社会服务型侧重于实际操作技能，累计培训时间不少于7天。制订培训计划。培训机构要根据农业主管部门下达的培训任务类别、专业和任务数量，精心编制培训计划，报农业主管部门审批后按计划实施，确保培训人数、培训时间、培训内容落到实处。培训机构要聘请熟悉"三农"，具有丰富专业经验和实践经验的培训教师、专家，特别是经过知识更新培训的基层农业技术人员担任培训教师。选用规范教材，根据各地产业发展需要和培训规范，组织编写通俗易懂、针对性强的培训教材，免费发放给参训农民，确保每人一套。实行"分段式、重实训、参与式"培训模式，根据农业生产周期和农时季节分段安排课程，强化分类指导，对生产经营型、专业技能型和社会服务型分类分产业开展培训。注重实践技能操作，大力推行农民田间学校、送教下乡等培训模式，提高参与性、互动性和实践性。每期培训班结束时，培训机构组织参训农民进行考试。有条件的，鼓励进行现场技能测试。加强与相关农业行业职业技能鉴定部门的协调，鼓励和引导受训农民接受职业技能鉴定，增强执业就业能力。培训机构逐班次建立真实、完整和规范的培训档案，建立新型职业农民培训基本情况台账，主要包括姓名、性别、身份证编码、地址、联系电话、培训专业、培训期次、培训时间、考评状况、是否取得资格认定、就业情况等。实名制登记并录入农业部信息系统,在线跟踪监督,对项目实施县实行动态管理。

第二节 培育新型职业农民素质的途径和方法

培育新型职业农民是城乡一体化和现代农业发展的重大制度变革,是一项涉及政策、体制机制和发展环境等多因素,牵动多部门多行业的复杂的系统工程,将伴随着我国城镇化和农业现代化发展的全过程,要作为农村改革、现代农业发展的基础性工程、创新性工作,大抓特抓,坚持不懈。在推进思路上,要以家庭经营为基础,以切实保障农民利益为根本宗旨,以产业为导向,以城乡一体化发展为统领,以制度建设和素质提升为重点,不断强化政府责任、建立市场机制、营造培育环境。在推进策略上,要统筹兼顾,突出重点,试点先行,循序渐进地推进新型职业农民素质培育制度的构建。

一、大力推进新型城镇化进程

将农村劳动力有效地转移到城市是构建新型职业农民素质培育制度的基本前提。城乡一体化发展,一方面要将耕地流转给种养能手,适度扩大规模,提高农业效益,同时还要把解放出来的劳动力的出路问题解决好。推进新型城镇化,当务之急是彻底改变土地城镇化的"见物不见人"的模式,通过征地和户籍制度改革、城镇基础设施建设和保障房建设、社会保障和投融资管理机制完善等措施,切实解决转移农民的就业、住房、社会保障和子女教育等问题,将土地的城镇化与人的城镇化合二为一,使2亿多农民工尽快真正融入城市和城镇,成为真正意义上的市民,将农村留守妇女、老人和儿童逐步向城镇转移,为土地流转、规模经营和新型职业农民成长创造条件。

二、切实加强农民教育培训

培养教育是构建新型职业农民素质培育制度的核心和基础。新型职业农民的鲜明特征是高素质，培育新型职业农民必须教育先行，必须使培训常态化。在培养对象和目标上，要以"生产经营型"新型职业农民为重点，针对在岗务农农民、获证农民、农业后继者进行分类、分层、分产业开展。对在岗务农农民，要通过实行免费农科中等职业教育和农业系统培训，把具有一定文化基础和生产经营规模的骨干农民，加快培养成为具有新型职业农民能力素质要求的现代农业生产经营者；对获得新型职业农民证书（新型绿色证书）的农民要开展持续的经常性跟踪辅导培训；对农业后继者，要通过支持中高等农业职业院校定向培养农村有志青年，吸引农业院校特别是中高等农业职业院校毕业生回乡务农创业，为农村应届初高中毕业生、青壮年农民工和退役军人回乡务农创业提供免费全程培训等措施，培养爱农、懂农、务农的农业后继者。在培养方式上，要尊重农民的学习特点和规律，以方便农民、实惠农民为出发点，坚持教育和培训并重。要以"百万中专生计划"为主要抓手，大力推进"送教下乡"模式，建立"农学结合"弹性学制的农民学历教育制度；要以阳光工程为主要抓手，大力推进"农民田间学校"和"创业培训"模式，构建标准化、规范化、科学化的农民培训制度。在培养主体上，要下大力气构建以农业广播电视学校、农民科技教育培训中心等农民教育培训专门机构为主体，以农技推广、科研院所等为补充的新型职业农民教育培训体系；要大力推动"校校合作、校站合作"，发挥农业中等职业学校、推广部门等的作用，充分整合教育资源；要大力推进空中课堂、固定课堂、流动课堂和田间课堂建设，建立农民教育培训导师团等制度，努力提高农民教育培养的能力、质量和水平。

三、探索建立新型职业农民认定管理制度

认定管理是对新型职业农民扶持、服务的基本依据,是构建新型职业农民素质培育制度的载体和平台。全国要制定统一的认定管理意见,建立"政府主导、农业部门负责、农广校等受委托机构承办"的体制机制,深度改造认定农民技术等级的"绿色证书",建立认定农民职业资格的"新型绿色证书"制度。各地要根据各地实际,充分考虑不同地域、不同产业、不同生产力发展水平等因素,根据农民从业年龄、能力素质、经营规模、产出效益等,科学设定认定条件和标准,研究制定具体的认定管理办法。各地政府要明确认定主体、认定责任和认定程序,明确农民教育专门机构在认定和服务上的主体地位、管理协调作用,加强建设和管理。对经过认定的新型职业农民建立信息档案,并向社会公开,定期考核评估,建立能进能出的动态管理机制。认定程序上可以先进行调查摸底,锁定目标进行重点培育,等培育成熟后再进行认定扶持;也可以高标准、严要求锁定目标进行直接认定,给予政策扶持。不管采取哪种方式,认定工作都要做好翔实的调查,因地制宜制定操作方案;要充分尊重农民意愿,特别是要确保获证与政策扶持相衔接,使农民得到实惠;要公开透明,主动接受社会监督,更不能以任何名义收费;要根据各地实际分产业、分层、分类循序渐进地推进,绝不能一哄而上、急于求成,绝不能搞形式主义、搞一刀切。

四、着力构建新型职业农民扶持政策体系

政策扶持是推动新型职业农民成长的基本动力,是构建新型职业农民素质培育制度的根本保障。政府要分产业、分层、

分类制定扶持政策,要重点向从事粮食生产、有科技带动能力、生产经营型的新型职业农民倾斜。

在生产扶持上,要在稳定现有政策的基础上,将新增项目向新型职业农民倾斜。防止补贴向土地承包经营权的使用者转移,否则新型职业农民得不到实惠,起不到提高生产积极性的作用。要逐步将新增补贴从收入补贴向技术补贴、教育培训补贴转变,构建新型农业经营体系下的强农惠农富农政策的新体系。

在土地流转上,要在登记确权基础上,建立土地有效流转机制,引导土地向新型职业农民流转。

在金融信贷上,要持续增加农村信贷投入,建立担保基金,解决新型职业农民扩大生产经营规模的融资困难问题。

在农业保险上,要扩大新型职业农民的农业保险险种和覆盖面,并给予优惠。

在社会保障上,探索提高新型职业农民参加社会保险比例,提高养老、医疗等公共服务标准等。

在教育培训的政策支持上,要尽快对务农农民中等职业教育实行免学费和国家助学政策,深度改造阳光工程,确保全部用于新型职业农民教育培养,把农广校条件建设纳入国家基本建设项目,启动实施新型职业农民教育培养工程,把更多的农民培养成新型职业农民。

现代生活篇

第十章　美化民俗乡风

农业民俗属于农业文明范畴，构成了物质生产民俗的基础和特色部分，以它特有的生态性与质朴性，为现代都市旅游者所喜爱。

第一节　汉族农业民俗

汉族是典型的以家庭种植和养殖为主的农业民族，拥有悠久的农业历史，积累了丰富的农业经验，形成了多样的农业民俗事象。我国地域辽阔，地形高低悬殊，地貌复杂多样，地带分布明显，气候差别极大，各地农业生产特征各不相同，农业民俗也千差万别。在大兴安岭—阴山—贺兰山—青藏高原东缘一线以东，为我国传统以农耕为主的汉族聚居区域，农业民俗以农耕为核心内容。东部农耕区范围广阔，各地农耕方式存在差异，以秦岭—淮河一线为界，汉族农业民俗主要呈现出南北差异。

一、北方农业民俗

在我国秦岭—淮河以北，由于雨水稀少、气候干燥、天气寒冷，一般以种植耐旱、耐寒作物为主，农业民俗具有北方特色。

从地域看，北方汉族农业民俗在东北区、黄淮区和黄土高原区有细微差别。

东北区。东北区由大江大河冲积成的沃野千里的平原，成为农业耕作的理想地带。在平原沃野主要种植耐旱耐寒的小麦、玉米、高粱、谷子、大豆等旱季作物，在南部沿海一带则有水稻种植，普遍实行稻麦豆等作物之间的间作套种、轮作复种，一般是一年一熟，冬闲积肥。同时，在森林茂密的山区，狩猎、伐木成为主要生产方式，兼栽培与采集人参、木耳与蘑菇等，延续着狩猎、采集等民俗。

黄淮地区。黄淮流域是中华民族文明的发祥地，农耕历史悠久，人口稠密，平原广阔，土地肥沃，惯种小麦、玉米、谷子、高粱与薯类等粮食作物，以及花生、油菜、棉花和烤烟等经济作物，是全国旱粮及油料、棉花等经济作物的主产区，也是我国最大的温带水果与干果产区。农作物一般是两年三熟，常见的耕作方式有犁耕、耦耕、刨耕，灌溉工具以辘轳为代表。

黄土高原区。这是一个大部分为黄土覆盖的丘陵与高原区，土地较为贫瘠，雨水不足。通常以种植小麦、高粱、谷子等旱粮与杂粮为主，产量不稳不高，使用牲畜多为驴、骡。

从栽培作物和动物养殖看，北方以麦作民俗为代表，杂以玉米、谷子、高粱、棉花、烟草等作物的生产民俗；养殖牛、猪、羊、马、驴、骡、鸡等畜禽，役畜主要是牛、马、驴、骡四畜并用，食用畜禽为猪、羊、鸡等。

小麦是我国仅次于稻谷的粮食作物，是北方人民和南方部分高寒山区的主食。由于久远的栽培历史，积累了丰富的麦作民俗事象。

小麦耕作制度一般是同其他粮食作物轮作复种，可分春麦区和冬麦区（表10-1）。

表10-1　我国小麦耕作分区

地区	春麦区	冬麦区
北方麦区	东三省、甘肃、宁夏、内蒙古	陕晋冀京津、豫皖鲁苏
南方麦区		鄂湘赣浙、云贵川、桂粤琼闽
西部麦区	新疆、青海、西藏	新疆、青海、西藏

小麦生产过程包括：用机耕或畜耕方式耕地（畜耕有犁耕、耦耕、刨耕），用耙耙地，用耧车播种，用锄松土除草，用辘轳或水车灌溉，用镰割麦，用绳打捆，用驴骡或小推车或人力运输，在打麦场晒干，然后是打场、收场、扬场等一系列技术过程。

二、南方农业民俗

在我国长江、珠江流域，由于雨水充沛，气候温暖湿润，一般以种植热带、亚热带作物为主，水稻种植成为这一地区农业生产的典型特色。

从地域看，南方汉族农业民俗在长江中下游、华南区、西南区与沿海区也有不同。

长江中下游地区。平原、丘陵与山地交错分布，气候、雨水和土壤条件均优越，农业、渔业相当发达，是全国闻名的鱼米之乡，农、林、牧、渔、副五业俱全。典型的农业生产集中在成都平原、江汉平原、洞庭湖平原、鄱阳湖平原、杭嘉湖平原、长江三角洲。该地区普遍实行稻麦一年二熟制，粮食作物以水稻为主、小麦为辅，经济作物以油菜、棉花、柑橘为多，盛产茶叶、蚕茧。水稻、茶、桑蚕生产习俗颇具特色。

华南区。华南区地处热带、亚热带，五岭屏藩其北，四季常青，作物一年数熟，收获甚丰。华南区主要种植水稻、番薯、玉米、高粱等粮食作物，甘蔗、花生、麻等经济作物，热带水果如荔枝、香蕉、柑橘、橄榄、菠萝、槟榔、椰子、可可、芒果四季不断，农业生产多种多样，农业民俗各有千秋。

西南区。西南区是少数民族与汉族的杂居区，地形复杂，地貌多样，以丘陵、山地为主；自然条件和农业生产的垂直分布明显，既有高地麦作区，又有河谷、坝子和山地梯田的稻作区；山地农作、畜牧民俗有特色。

沿海渔业民俗区。我国海岸线漫长，海域辽阔，海岛众多，沿海渔业发达。由于海洋捕鱼风险极大，沿海渔俗极富个性，生产禁忌与信仰较多。如对妈祖神和龙王的信仰，对"翻"、"反"（翻）、"四"（死）等词语与动作的忌讳。

从栽培作物和动物养殖看，南方以稻作民俗、种桑养蚕民俗和茶作民俗为代表，杂以玉米、高粱等旱地以及热带亚热带作物的生产民俗；主要养殖牛（黄牛与水牛）、猪、羊、鸡、鸭、鹅等畜禽，役畜主要是牛（黄牛与水牛），食用畜禽为猪、羊、鸡、鸭、鹅等。

稻米是我国人民特别是南方人民的主食，种植历史最为悠久，分布地区极为广泛，形成的民俗事象非常复杂。

稻作的种类与分布。稻作经过长期的自然选择与人工选择，形成了许多适应不同环境的品种。依据稻作的地理分布和气候条件的影响状况，我国水稻可分籼、粳稻；按照品种的栽培季节和地带光热条件的不同，可分早、中、晚稻；依据栽培田水分条件的差异，可分水、陆稻；按照米粒淀粉生化特性，可分黏、糯稻。稻作过程习俗。稻作过程比较复杂，大致包括整修农田、整修农具、选种、浸种、选秧田、做秧田、播种、犁田、耙田、扯秧、插秧、耘耥稻田、下肥料、治虫、灌溉、收割、晾晒、加工、储藏等一系列过程。

稻作工具民俗。我国南方的稻作生产工具有筒车、翻车等用水灌溉工具，有船、独轮车、双轮板车等运输工具，有犁、耙、锄头、镢头、铲子、镰刀、稻桶、打稻机、筲箕、箩筐、簸箕、扁担等劳作工具，有薄膜、育秧温室等设备。

稻作信仰民俗。在生产力低下、科技不发达的时代，稻作生产艰苦而又面临着自然灾害的威胁，于是人们抱着对丰收的渴望和对虫灾、旱灾、涝灾、瘟灾、雹灾与风灾的恐惧，一系列有关稻作的信仰民俗相伴产生。这大致包括：对牛的信仰，如少数民族的"舞春牛"、"牛王节"活动；对青蛙的信仰，如少数民族的"青蛙节"；田间信仰，如在长江、淮河中下游，旧时有择吉日插秧习俗，有"开秧门"和"关秧门"的仪式；对水稻神的信仰，如浙江等地，依据水稻成长的各个环节，给水稻以不同的名字——"秧姑娘"、"稻花神"、"谷神"、"米娘娘"；此外，对雷神、水神、土地神的信仰和农具的禁忌，无不是农民祈求丰收、人畜平安的心理反映。

小资料

我国的生态农业

珠江三角洲是我国热量与水量最丰富的地区之一，水网密布，洼地较多。这里的农民充分利用这些自然条件，在低洼易涝的地方挖地成塘、堆泥成基，在塘中养鱼，基上种蔗、栽桑或种果树，利用蔗叶、蚕粪养鱼，利用塘泥肥田，构成了珠江三角洲特有的蔗基鱼塘、桑基鱼塘、果基鱼塘。在这个系统里，组成种类多，营养结构复杂，平衡也稳定，构成了一种新型的生态渔业生产，这是自然条件和科学技术的结合。从而，促使新的生态农业民俗形成。

资料来源：何学威. 经济民俗学［M］. 北京：中国建材工业出版社，2015：34.

第二节　少数民族农业民俗

农业经济构成了我国少数民族经济的主体。居住在草原地区的蒙古、藏、哈萨克、柯尔克孜、塔吉克、裕固等民族主要从事畜牧业；居住在黑龙江、乌苏里江畔的赫哲族和广西沿海地区的京族主要从事渔业；居住在大小兴安岭的鄂伦春族和鄂温克族主要从事林业与狩猎；包括散居在汉族居住地区的其他少数民族，大部分从事种植业，其中朝鲜、土家、畲、黎、壮、侗、布依、仫佬、毛南、傣等民族，特别善于种植水稻；苗、彝、瑶、白等民族，对于高寒地区的种植业有着丰富的经验与知识；有些少数民族如藏、傣、维吾尔等还以种植瓜果与各种经济作物著称。各民族有关农业的生产方式、历史传统、技术水平和信仰禁忌构成了"万花筒"般的民族农业民俗景观。

一、东北少数民族农业民俗

东北少数民族地区包括东北三省与内蒙古东北部地区，是我国满、朝鲜、赫哲等民族的主要聚居区，蒙古、回、锡伯、鄂伦春、鄂温克、达斡尔等民族也有较高的聚集程度。由于平原广阔，大部分的东北少数民族与汉族一样，主要从事种植业生产。其中以麦作民俗及玉米、大豆、高粱、谷子生产民俗为主，但延边朝鲜族自治州却是我国北方的稻作民俗区。此外，居住在大江大河旁与森林中的一些少数民族，如赫哲族、鄂伦春族还把渔业、林业、采集、狩猎作为重要的经济支柱，传承着颇具特色的采集、狩猎、渔业、林业民俗。

（一）满族

早先，满族人在白山黑水之间以采集与渔猎为生，后受汉族影响，从事定居的农耕生产，并日益成为他们主要的经济活动。同汉族种植业略有不同，满族人喜欢种植黏性作物，如黏谷子、黏高粱、黏糜子等，喜食扛饿耐饥的黏食。

(二) 朝鲜族

吉林延边朝鲜族自治州是我国北方的"水稻之乡"，朝鲜族以擅长在寒冷的北方种植水稻而著称，构成了北方稻作民俗区。过去，朝鲜族人冬天打桩筑坝，春天翻地耙田，通过灌溉艰辛地种植水稻。如今，基本上实现了机械化耕作。水稻一般是两年三熟，普遍采用轮作复种、间作套种方式，冬闲积肥。

(三) 赫哲族

一曲《乌苏里船歌》会把人带入赫哲族的故里。直到新中国成立前，居住在黑龙江、乌苏里江沿岸的赫哲族人世代以捕鱼、狩猎与采集为生，其中鱼是赫哲族人的主要食物，鱼皮是衣着的主要来源。近百年来，粮食逐渐代替鱼、兽肉成为主食，布衣代替鱼、兽皮衣服，但渔业仍是赫哲族人的主要生产项目之一，由捕捞派生出的水产加工成为渔业经济的重要组成部分。他们习惯进行鱼干的制作，以及干贝类、鱼粉类的加工，从而发展起渔业商品经济。

赫哲族人的渔具主要有四类：网、钩、船、叉。网由野生植物纤维网发展到麻绳网、棉线网；钩由木钩发展为大铁钩、小滚钩（又叫快钩）；船由早年的桦皮船演变为今天的木制船、铁制船。赫哲族人非常熟悉鱼的习性，积累了丰富的捕鱼经验与方法。网鱼集体进行，钩捕以两人合伙为主，叉鱼则单独行动，其中叉鱼技术高超，几乎百发百中。春季开江时用网捕，开江入夏后用钩钓，秋季捕捉大马哈鱼，冬季破冰捕鱼，一年四季从不间断。

(四) 鄂伦春族

居住在大小兴安岭与黑龙江流域的鄂伦春族人,依靠茂密森林中的丰富兽类、鸟类与植物资源,以及大江大河中的鱼类资源而生活。过去,他们的生活几乎都围绕着狩猎安排,衣食住行的大部分仰给于鸟兽,间或从事采集和捕鱼。后来,发展起了畜牧业,并日益成为他们的经济支柱。

鄂伦春族人信仰山神、猎神,狩猎前后要虔诚祭祀。他们饲养动物作为狩猎的助手,养猎犬帮助寻找和追赶野兽,驯养马匹与驯鹿作为坐骑和运载猎物的工具。随着狩猎工具由弓箭、扎枪、猎斧、猎刀发展为火枪,他们改变了原始的狩猎方式。往昔,男人组成临时的"阿那格"狩猎小组,把家当驮在马背上沿河四处游猎,一大群人通过"放火烧荒"的方法围赶狩猎;妇女、儿童则从事采集以弥补狩猎生产的不足。如今,以小家庭为单位的"阿那格"活跃在所有的猎场上,但已非主要的生产方式。在野生动物保护法颁布以来,狩猎活动受到了限制。

二、西北少数民族农业民俗

西北少数民族地区包括我国西北的新疆维吾尔自治区(以下简称新疆)、甘肃、宁夏回族自治区(以下简称宁夏),北部的内蒙古自治区(以下简称内蒙古),西部的青海、西藏自治区(以下简称西藏),是我国少数民族的主要聚居区域。这里地广人稀、民族众多,为蒙古、回、维吾尔、藏、哈萨克、东乡、柯尔克孜、塔吉克、乌孜别克、保安、裕固等民族的主要分布区。此地位于亚欧大陆的中部,高山与盆地、谷地相间,沙漠和草原、高原并连,河流同绿洲、雪山共存。地处高寒,气候干旱,日照充足,地面植被以草为主。绿洲农业和畜牧业构成西北少数民族地区农业生产的特色,种植业民俗和畜牧业民俗明显。

畜牧业是西北少数民族的支柱产业，从我国东北大兴安岭西麓到西南的横断山脉形成了半月形畜牧带。内蒙古的蒙古族、宁夏的回族、青藏高原的藏族，以及新疆的哈萨克、柯尔克孜、塔吉克等民族以畜牧业为经济支柱。同汉族在家中圈养畜禽不同，他们主要在广阔原野中放养，而放养包括了游牧与围牧形式。放养的牲畜有绵羊、山羊、黄牛、牦牛、马、骆驼、驴、骡等，而以牛、马、绵羊为主。马与骆驼可以用作运输，马还用作放牧与狩猎。其他牲畜的肉与奶用作食品与饮料，毛皮用以制作衣服。由于草原、气候等自然条件各不相同，各民族的畜牧方式也存在差异。

（一）维吾尔族

绿洲农业主要是新疆维吾尔族的农业特色。这里一般以种植小麦、玉米、高粱、糜谷、马铃薯、棉花、甜菜、胡麻等旱地粮食与经济作物，以及需要光热条件的瓜果，如葡萄、哈密瓜、啤酒花等作物为主。作物灌溉则仰赖春夏季节的冰雪融水。"坎儿井"是维吾尔族地区的地下灌溉工程。为了减少蒸发，维吾尔族人在吐鲁番和哈密等地，利用地下水，挖"坎儿井"灌溉农田，沿潜流方向打井，井底掏通为地下渠。这样，绿洲地带不仅盛产粮棉瓜果，而且人口密集，流水淙淙，田园苍翠，林荫蔽日，风景秀丽，构成沙漠中的田园风情。

（二）鄂温克族

鄂温克族属于苔原畜牧方式，主要放养适应苔原生态环境的驯鹿和马匹，并用作乘骑和运输工具。由于苔原植物常常生长在树林之间，牧民在放牧的同时，仍然从事狩猎与采集活动，并且因地制宜，牧民的住房和牲口栅栏也大量使用木材。

(三) 蒙古族

蒙古族采用戈壁草原游牧方式,细毛羊与蒙古马成为辽阔草原主要的放养牲畜。在水草丰美的地方,人们也放牧牛群;在植被稀疏的西部,适应地理环境的骆驼有着重要的意义。"天似穹庐,笼盖四野。天苍苍、野茫茫,风吹草低见牛羊"构成了蒙古草原风光。由于游牧需要逐水草而居,便于移动的蒙古包构成了他们的居住特色,皮革制品、乳酪食品成为他们的特色产品。随着畜牧业的集约化生产,定居农牧生活逐渐取代游牧生活。

(四) 哈萨克族

哈萨克族采用盆地草原畜牧方式,牧场坐落在回环四合的大盆地中,较为充足的水源存在着发展绿色农业的可能,在放牧"绿洲之星"——伊犁马与大尾羊的同时,兼事种植业,过着半牧半耕式的农业生活。畜牧以轮牧和围牧形式为主,种植业讲究灌溉技术,住房以定居性的毡房为特色,麦面与乳酪食物并行。

(五) 藏族

藏族采用高山草原畜牧方式,适应严酷气候的牦牛与藏绵羊成为主要畜牧对象,

牧和围牧形式为主。牦牛那厚重的皮毛、含油脂很高的奶品和善于登山的特征,使其成为藏民理想的皮毛、肉食、奶品来源和运载工具,被誉为"高原之舟"。此外,牦牛与黄牛杂交而产生的犏牛,因为性格温顺、产奶量高而深为藏民青睐。高山草原的草场穿插在崎岖的山间,在春夏高山化雪时才长出青青野草,使游牧具有明显的季节性。夏季,由青壮年男女赶着畜群上山放牧,孺老留在山下照看青稞;牧民用树枝支起几块牦牛毡或牛皮,搭设临时帐篷住宿。由于地处高寒,冬季不

宜放牧，牧民就利用储存的粮草圈养牲畜，并居住在建在山下平坝上永久性的土木平顶碉楼内。在春夏之际，藏民还要交叉从事种植业，一般在海拔较低的地带种植青稞和蔓菁等作物，以作为人畜过冬的粮草，糌粑成为藏民的特色食品。

（六）回族

回族主要集中在宁夏回族自治区。这里气候比较湿润，有良好的河谷平原，以及河漫滩等草甸牧场，适宜发展旱地种植，游牧"逐水草而居"的牲畜，宁夏滩羊就是远近闻名的优质良种。但因信奉伊斯兰教，他们不养猪。

三、西南少数民族农业民俗

西南地区地形多样，地貌复杂，水量充足，山地资源丰富，气候垂直差别明显。农业是各民族的支柱产业，主要以山地种植业、山区林业与畜牧业为主，山地种植业、山区林业和畜牧业民俗明显，间杂采集和狩猎民俗。此外，广西壮族自治区（以下简称广西）沿海京族的渔业活动构成了南国渔业民俗区。

因自然条件和民族传统的制约，这里农业民俗的特色鲜明。农业生产呈垂直分布，有平坝与河谷的稻作区、高寒地带的麦作区、丘陵和山地的玉米区。多种经济作物与园艺作物广布山地，"立体农业"特点显著，各个民族、各种作物的种植民俗丰富多彩，不一而足。耕作方式上，原始的刀耕火种和锄耕习俗、传统的犁耕习俗、现代的机耕习俗并行不悖。

（一）壮族

广西壮族是一个擅长山地稻作的民族。壮族人勤劳朴实，在平坝和山坡上开垦出了数以千计的坝田和梯田，像龙胜县的龙脊梯田便是天下一绝。他们喜种糯稻，兼种旱地作物。五色糯米饭（红黑黄紫白）与糯米酒是壮族一绝。壮族还是一个歌舞民族，将许多农业生产情景歌舞化，如"打扁担舞"就形象地再现了壮族人"耙田插秧、戽水耘田、收割打场、舂米尝新"的劳作过程。他们对农作贡献极大的青蛙与耕牛特别敬爱。农历正月，有"舞春牛""祭青蛙"的活动；农历四月初八，有过"牛魂节"的习俗，既表露了壮民对农家丰收的期望，也表达了他们对青蛙和耕牛的敬爱之情。

（二）侗族

分布在湘黔桂比邻地区的侗族，是一个依山傍水的农耕民族。人们在大小坝子地带、山谷溪流两旁，开辟了众多的坝田和梯田，成为"侗乡粮仓"，构成"平坝阡陌相连，山谷梯田层叠"的田园风光。侗族喜种糯稻，以"香糯"与"紫糯"最为有名，糯米成为主食。糯稻讲究精耕细作，稻田三犁三耙，小株密植；收获糯稻时，不用镰刀割，而用禾剪一穗穗地剪，然后捆扎成把，晒干进仓。在晾禾的过程中，构成一排排牌坊式的"禾晾"风景。

（三）瑶族

瑶族在由采猎时代进入农耕阶段后，农业生产仍保持游动性，素有东方"吉卜赛人"之称。直到新中国成立前，瑶族还是刀耕火种，"食尽一山，则移一山"，由此而散居在我国与亚洲南部各地。目前，瑶族虽已定居生活，但仍以锄耕、犁耕为主，种有水稻、玉米、红薯、黄粟等。在云南和广西一带山区，瑶族盛行一种"击鼓挖地"的协作形式，他们会合数十户人家轮流到各家耕地上集体挖地，直到把每户荒地挖完为止。挖地时，由一位青年在地头击鼓，引吭高歌，其他成排的挖地者，按鼓点随声唱和，边唱歌边劳动，地很快就挖完了。

(四) 毛南族

广西西北部的环江县是毛南族的聚居区——"毛南山乡"。毛南族世代耕山放牧。一方面,擅长在山区、坝区种植水稻,有"种稻似湖湘"的美誉。他们用畜力精耕细作,以出产米、糖著名。另一方面,擅长饲养菜牛。他们用山区天然的草料,以养猪的方法圈养菜牛,把牛养得滚瓜溜圆,连路都走不动,成为畅销国内外的菜牛。毛南族地区也获得了"菜牛之乡"的美誉,菜牛成为毛南"三宝"(菜牛、甜薯、花竹帽)之一。

(五) 京族

同北国赫哲族人在江河捕鱼为生不同,南国京族主要从事近海渔业生产。过去主要用木船、竹排、渔箔、拉网工具进行浅海捕捞作业,现在发展到用机帆船和到深海捕鱼作业。由于大型渔具需要较多投资,海洋渔业需要多人合作,所以京族有合伙购买或承租渔船、渔网,以及劳动互助的习惯。互助时领头的叫"网头",成员叫"网丁",网头由网丁民主推选。在海上发现鱼群或台风,网头吹起号角,网丁下力追捕或逃避。网头与网丁分得同样一份产品,没有特权。网头还主持崇拜仪式。农历十二月二十四到二十八,举行隆重的"做年晚福",祈求海神保佑来年生产安全和丰收;春节这天,杀猪饮酒,欢聚一堂,称作"还原"。网丁若有意外事故或生活困难,彼此互助互济。渔民满载而归时,船与船、排与排之间放声对唱。所唱歌曲多以海上见闻为内容,如《渔家四季歌》。过去女子一般不准出海,海上对唱,往往一方模拟女子口气与声音,现在由于女子出海越来越普遍,海上对唱也就名副其实地成为男女对唱了。

（六）布依族

布依族生活在贵州高原的崇山峻岭中，世代以从事农耕为生，形成了一套高原山地耕牧习惯，辈辈相传。山谷间、江河旁、坝子边，是布依族人开辟良田、建村立寨、聚族而居的良好处所。寨前田畴宽敞，溪流纵横；寨后是护寨森林，翠竹大树。"干栏"式的搂房掩映在苍翠的浓绿之中，炊烟袅袅，生机勃勃。他们用牛犁田，栽培水稻，培育出了十余种水稻，而以"黑糯米"最为独特。在山坡地上，则用锄挖地，种植旱稻、小麦、包谷、豆类、蔬菜等各种农作物，作为水稻的补充。

（七）苗族

苗族主要分布在湖南、广西、云南、贵州一带，其中以贵州苗族风情最具特色。以农业为主的苗族人，靠耕牛种田，用牛粪肥田，也靠养牛卖钱。所以苗族人特别爱护耕牛，不但平时精心喂养，还要在农历四月初八给耕牛过"牛王节"，以示崇牛敬牛；广泛举行"斗牛"娱乐活动，集中四乡八寨的大水牯牛，通过决斗选出良种"牛王"，淘汰劣牛，表明农耕苗族对繁育耕牛的重视。在作物种植方面，苗民喜种糯稻，善种香菇，糯饭为苗家的主食，香菇是苗山的特产。

（八）傣族

被人们称为"植物王国"的西双版纳是出产稻谷的宝地，一年能收获三茬稻谷，盛产著名的紫糯和可口的籼稻，喷香的傣家糯稻香竹饭成为最具特色的食品，稻作习俗也世代相袭。如农历正月十三的巡田习俗，全寨人在早稻插完后，聚集在一起，敲锣打鼓，喜气洋洋，公推的一位长者宣布巡田开始。人们自动列队，随长者由东向西巡视田坝。看秧是否插完，是否有偷水、抢水现象，是否有人在禁伐区砍树等，以便保证农业生产的顺利进行。

（九）白族

居住在云南苍山洱海之间的大理白族，也是一个以种植水稻为主，兼事畜牧业与渔业的民族，流传着许多独特的农业民俗。如每年正月的"闹春牛"，二月的"朝花节"，三月的"栽秧会"，四月的"祈雨会"（又称"绕三灵"、"绕山林"、"绕桑林"），六月的"火把节"，八月的"耍海会"等都是与农业生产密切相关的节日民俗展示。

（十）纳西族

云南丽江古城是纳西族的故乡。如今纳西族人以栽稻种麦为生，稻麦单产之高，一向为云南之冠；"丽江粑粑"烤饼成为风味食品。作为农耕民族，纳西族崇拜青蛙，以青蛙为图腾，体现了农耕民族的信仰特色。他们的祖先曾以游牧为生，积累了丰富的畜牧经验，依借山清水秀的丽江，培育出了"丽江花马"，成为一年一度"丽江七月骡马会"的明星产品，使丽江获得"花马国"美誉。

（十一）彝族

彝族散居在云贵川和青藏高原东南边的山区，这里群峰耸翠，江河纵横，气候多样，资源丰富。彝族以农作为主，兼事畜牧业、林业。农业生产的垂直分布明显，从高寒农业、山区农业到平坝河谷农业都有存在，并以锄耕与犁耕方式种植水稻、玉米、豆类、薯类、小麦等水田与旱地粮食作物，以及各种经济作物与园艺作物。畜牧业以放养为主，牲畜以羊、马、猪、牛为主。"凉山羊""建昌马""红河小耳猪""德昌牛"远近闻名。

（十二）羌族

生活在川西北的羌族是一个古老的民族，大禹的后裔。那里地处青藏高原东部边缘,山脉重重,地势陡峭,水源丰富,气候温差较大,是发展农业、林业和牧业的理想地方。过去以游牧为业的羌族,现在主要从事定居农业,种植青稞、麦类、玉米,用青稞、麦类酿制的"咂酒"和做成的"馍馍"、"糌粑"成为特色饮食品种。他们也利用丰富的山地草场资源放牧牲畜。羌族是一个典型的山地农牧民族。

四、中南、东南少数民族农业民俗

中南、东南少数民族地区民族众多,有土家、瑶、黎、苗、侗、回、畲等数十个民族,主要分布在湖北、湖南、浙江、广东、海南等省,其中土家、黎、畲族高度聚居于此。这里有绵延起伏的低山丘陵、曲折漫长的海岸、广阔的海域和众多的岛屿,气候温暖生物资源丰富。生活在此的少数民族主要从事种植业、渔业,间或从事采集与狩猎活动,构成了沿海渔业民俗区、热带与亚热带的种植业民俗区,以及山林经济民俗区。

(一) 土家族

分布在湘、鄂、川、黔的土家族是一个山区民族。崇山峻岭的自然环境构成了他们的山林经济特征。土家族主要种植包谷、土豆等山地耐旱作物,稻田少见,兼事采猎。刀耕火种和锄耕仍是主要的耕作方式。在开荒垦地、犁田耕地时,形成了边敲锣、边打鼓、边唱歌、边劳动的生产互助习俗。锣鼓响一阵后,歌师领唱道:"太阳出来坡背黄,薅草人儿忙又忙。"众人就呼应相合:"打闹锣鼓整天响,薅草薅过几道梁(山脊)。打锣越打声越响,山歌越唱心越亮。你追我赶不落后,追到太阳下山岗。"在山区干活要打锣、敲鼓、唱歌已经成为传统习惯。

(二) 畲族

在浙江西南的崇山峻岭地带,生活着一个古老的民族——畲族。此地山高林密,树种繁多,气候温和湿润,自古以来,此地除了种植水稻外,还盛产香菇,驰名中外。种菇之民俗称"菇民",并形成了一套菇民习俗。在稻谷进仓后的农闲季节,通过"洗谷浴,敬祖师"仪式,庆祝稻谷丰收,预祝种菇大利,祭祀祖师吴三公(发现香菇的烧炭工)和刘伯温(使香菇获得特许经营权的朱元璋的军师);随后上山建香菇寮,立师傅榜,开始种菇、烤菇和藏菇;直到次年杜鹃花开,菇民才回家种田。为了防止种菇技术的泄露,形成了诸多禁忌和黑话,并世代沿袭下来,构成了畲族人奇特的采菇和种菇风俗。目前,种植香菇已经成为丽水市畲族人农业生产的主要组成部分,并与丽水市的生态旅游开发结合起来,形成颇具特色的畲乡风情。

(三) 黎族

长期生活在南国之滨的海南岛黎族,自古以来就以从事种植业、渔业、狩猎和采集为生。犁耕水田、锄耕旱地,种植水稻和由他们自己培育出来的旱地稻种——山栏稻,以及其他热带经济作物与园艺作物,构成了黎族的农业特色。一般是男子负责犁田、耙田、拖谷等田间重活,妇女插秧、割稻,老人则放牛、管稻田水、编织竹藤器、饲养家畜,八九岁的男孩也要参与放牛、砍柴劳动,女孩则采集野菜、挑水做饭、学习纺纱织布、播种山栏稻等。男女老少,都要劳动,否则被人耻笑。由于地处热带雨林,普遍种植三季稻。近年来,海南通过"公司+农户"的"订单农业"模式,大力发展蔬菜、水果等园艺作物,促进了农业的商品化经营。同时,与旅游开发密切配合,发展生态农业、绿色农业与观光农业,形成了既传统又现代的农业生产方式。

第三节 农业民俗与旅游

乡村是开展现代旅游的广阔天地。乡村集自然景观与人文景观于一体、生态环境和人文环境于一身，是现代旅游的理想去处。随着乡村旅游与生态旅游的盛行，农业民俗作为开展乡村旅游与生态旅游重要的民俗旅游资源，将会发挥越来越明显的作用。

一、农业民俗是重要的民俗旅游资源

农业民俗与旅游存在着天然的密切关系。农业民俗作为农业生产的模式化行为，是前人农业生产方式的传承和再现，不仅体现着人与自然的依存关系，而且反映了人类本来的生产生活面目，是现代都市人的"精神家园"。农业民俗的自然性、生态性、质朴性与休闲性特征，为现代人提供了回归自然、追溯远古、体验"天人合一"、放松身心劳累的最佳旅游方式。农业民俗能给旅游者以观赏、娱乐、知识和实用价值，如稻作、麦作、桑蚕业、渔业、林业民俗，是亟待大力开发的宝贵民俗旅游资源。

我国是一个农业大国，农业生产的内容全面而丰富。农业民俗既是我国传统生产方式的全面反映，也是现代科技生产方式的体现，从中可以看出我国农业生产方式的流变和传承。对旅游者而言，原生态的农业民俗事象无疑具有巨大的吸引力，现代生态农业同样也会产生吸引力。但随着现代科技对农业的影响，传统农业民俗正在逐步消逝。因而，在农业民俗旅游资源的开发过程中，一方面，需要利用科技手段，建设现代生态农业；另一方面，更需要通

过各种手段抢救、保存传统农业民俗，使传统农业民俗不至于在现代化过程中完全消失。

二、农业民俗旅游开发原则

随着乡村旅游、生态旅游的兴起与流行，农业民俗旅游开发已经引起了旅游界的注意与重视，像上海的南汇桃园游、山东荣成渔民节、湖州蚕花节即属此类。农业民俗旅游还是一个刚刚兴起的旅游项目，各地开发经验较少。一般来说，在开发中应该注意如下几个因素。

（一）地点选择

综合考虑各种便利因素，目前以选择城市近郊为宜；然后，再以城市为圆心，根据特色与方便原则，向四周扩散。这样，既便于市民利用闲暇时间外出旅游，又比较经济。近郊农业民俗旅游开发尽管前景广阔，但也存在一些不足，如原始味不足，不能完全展示农业民俗的风貌，也不能与自然景观连为一体。相反，在远离城市的草原、平原、丘陵、山地、海岛、河湖等受城市影响微弱的地区，却越来越受到都市旅游者的喜爱。随着交通等条件的改善，这些地方将会成为农业民俗旅游开发的重点。

（二）景观选择

农业民俗旅游的内容丰富多彩，除了稻作、麦作、蚕业、林业、渔业、牧业、副业等生产内容，如参观果园、茶园、种植园、捕鱼、耕种等以外，农民的日常生活也可作为一个重要内容进行组合开发。农民生活民俗与生产民俗不仅不可分离，而且一样吸引着城市旅游者，如上海一些旅游机构在郊区开发的"农家乐"旅游项目，就是成功的范例。

（三）季节选择

农业生产的时序性、节令性决定了农业民俗旅游开发必须考虑季节因素。在春播、夏耘、秋收、冬藏过程中，每一个季节都有自己的特色和值得观赏的地方，而以春季和秋季为美。如桂林龙胜县的龙脊梯田集壮丽与秀美于一身，堪称天下一绝。"梯田如链似带，从山脚盘绕到山顶，小山如螺，大山似塔，层层叠叠，高低错落。春如层层银带，夏滚道道绿波，秋叠座座金塔，冬似群龙戏水。"春夏秋冬各有特色，需要针对不同季节推出特色旅游产品。

（四）组合开发

组合开发旅游产品是旅游业创新的基本原则之一。对旅游者而言，单纯的农业生产民俗项目是单调的、缺乏吸引力的。因此，不仅需要农业民俗的动、静组合开发，而且需要同农业生活民俗、自然景观组合在一起，形成丰富多彩的旅游内容。如贵州省在凯里市的一个苗民小寨郎德开发了一个活的民族村博物馆——郎德民族村，其中就组合了有关苗族的农业生产、生活起居、礼仪、饮食、歌舞方面的民俗，游客可以领略真实、淳朴的苗民田园风情。

三、农业民俗旅游的分类

农业民俗旅游在北京、上海、广东、云南等省市已经有所开展。根据旅游者的需要与目前的开发状况来看，主要有以下一些类别。

（一）观光欣赏类

观光欣赏类农业民俗旅游包括了两种形式：室内观赏与野外观赏。前者主要在地方建立的民俗馆、民俗村、民俗园之类的文化馆里欣赏静态的、历史的农业民俗事象。例如，江苏无锡的吴文化公园就包括了丰富的农业民俗内容，其中有稻作文化民俗馆（稻丰圩）、蚕桑文化民俗馆（桑蚕巷）、居住文化民俗馆（堰里农舍）、渔文化民俗馆（水鲜村）等内容；昆明民族博物馆有云南生态农业项目内容；山西河边民俗博物馆陈列了大量的晋北农村用的生产与生活工具。后者指在田野等参观欣赏农业生产活动过程中各阶段的习俗惯制，如犁田、播种、扯秧、插秧、打谷、种桑、养蚕、放牧、捕鱼等，如桂林旅游发展总公司在漓江开发的"漓江夜捕"旅游项目同漓江灯火相呼应，吸引了大量游客观光。由于优美的四时田园风光和别具一格的茅屋竹楼，以及平原、丘陵、高山、湖泊、高原、岛屿、海滨等地的乡村自然与人文景观的吸引，田野观光动态的农业民俗更为游客喜爱。

（二）游乐参与类

许多信仰性的农业民俗具有较强的参与性与娱乐性，如浙江嘉兴地区的"烧田蚕"、丽水地区的"尝新"、哈尼族人吹的"栽秧号"、山东渔村的"谷雨节"及一些民族庆祝丰收的农业节日。这些农业民俗活动在娱神的同时，更重要的是娱人，可以作为参与性的娱乐活动开发。另外，许多生产性的农业民俗活动具有新鲜性、刺激性，如原始的采集、捕鱼和狩猎活动，可以开发为采集、钓鱼、狩猎娱乐项目。法国人有组织的传统狩猎娱乐活动，具有原始性与刺激性，他们模仿古代骑士，只用匕首狩猎及分享猎物。

（三）饮食购物类

农业生产地区作物繁多，副食品极为丰富，工艺品与众不同。旅游者除了品尝土色土味的"绿色食品"外，还可以购买到一些颇具地方特色的生活用品，比如贝类工艺品、兽皮制品、竹艺品等。在这里，农产品加工业民俗活动将会发挥巨大作用。

不同旅游者有着不同的品位与爱好，对农业民俗旅游的选择也会不同。因此，在农业民俗旅游开发中，需要注意组合性的农业民俗旅游产品开发，以满足不同旅游者要求，丰富旅游者的经历，从而取得良好的经济效益。

第十一章　形成优良家风

当人们累了，想要休息的时候，家是避风的港湾，是最容易让人产生安全感的地方。正是这份与生俱来的安全感，让我们放下了所有的防备，身心也得到了放松，影响就在这种放松中慢慢地潜入我们的意识当中，在不知不觉中完成了对一个人的影响过程。

第一节　家风的概述

"近朱者赤，近墨者黑"（《太子少傅箴》），一针见血地道出了环境对人的影响。尤其是我们信任的家庭环境，它对一个人的影响是全方位的，是持续性的。良好的家风往往会影响家庭成员的一生，在很多人看来也许是危言耸听，但事实告诉我们，好的家风如润物细无声的春雨，总会带给人们希望。

每个人的家庭都有属于自己的家风，家风是给家中后人们树立的价值准则。树立家风是中国人的一种习惯，它同中国历史一样悠久，只是现在越来越多的人忘记了它的存在，甚至是刻意忘记。有人说，家风的存在是对自我个性的抹杀，这样的说法本身就是对家风的误解，也是对个性的误解。就像自由一样，你想要的自由必须建立在不妨碍他人自由的基础上，个性也是如此，如果你的个性影响到了别人，这样的个性或许就是你走向误区的导航，最可怕的是你还沉迷其中，无法看清它的本质。家风的存在就是让走错路的个性回到正确的轨道上。

存在即是道理，在中国传承了几千年的家风是中国社会的道德基础，没有它，我们的社会将会变得动荡不安，人们没有安全感，因此，家风承载了中国的道德，只有家风的传统流行于当今的时代，社会道德才会上一个新的台阶。

第二节　家风的含义

中国历史悠久，文化悠久，因此，现在的我们可以选择性地继承一些优良的家风传统，这是我们的祖先留给我们的财富。我们的祖先把家风总结为五常八德——五常：仁、义、礼、智、信。八德：忠、孝、仁、爱、信、义、和、平。

这就是中国家风的根源所在。现代人需要做的就是让良好的家风融入生活当中，让其中的某些家风理念成为人们家庭的核心。这些不仅是普通人的共识，同时也是一些名人和思想家的共识，尤其是在古代，家风常常反映在一些名人学者的哲学、政治学、伦理学著作之中。比如，我们所尊崇的孔子，他就将礼和仁视为家风的根本，认为一个家庭只有拥有这样的家风，这个家庭才会和和美美。这就是孔子对家风的解读，虽然不全面，但却体现了他对家风的重视。

其实，中国古代的家风是一个家庭的价值观，那些成就大事的人都注重家风的传承和实践。著名爱国抗日将领吉鸿昌就一直恪守着"做官不发财"的家风。

"恨不抗日死，留作今日羞。国破尚如此，我何惜此头！"这是吉鸿昌临刑前写下的一首气吞山河的就义诗。从诗中，我们可以看出他的无畏情怀，吉鸿昌将军的一生是短暂的，但他的精神却是永存的。

"做官不发财"正是他的家风，官至二十二路军总指挥的吉鸿昌始终恪守着"做官不发财"的信条，这种淡泊金钱的精神让他成为受人尊敬的英雄。

每个人的成功都不是一种偶然,光环背后永远都有不为人知的付出,而这种付出就是在优良家风的指引下做出的。

中国的家风文化传承了几千年,其中,能够被人们记住的人物的背后,都有着属于自己的家风。有人讲,现在谈家风,并没有多大意义。人们总是认为在如今这个将金钱视为成功标准的时代,做一朵莲花难有出头之日。如果从古至今人们都是这样的思想,那么,我们的家风文化早就消散在历史的长河当中了,难道我们能说古代的人不成功吗?现在的很多发展大都得益于古人的智慧,我们传承了古人的劳动成果,却选择性地忘记了古人的智慧精华,这样的传承是片面的,也是短暂的。

更何况,社会是由每个人组成的,如果每个家庭的家风不复存在了,每个人都随心所欲地生活,没有约束的自由,必将让整个生活在这个社会的人彻底地失去自由,所以,当我们埋怨社会问题不断的时候,首先要想一想,自己是不是也是社会问题的制造者之一,如果你也是其中的一员,那么就请你不要再选择性忘记,重拾自己的家风,让优良的家风一点点地改变你、你的家庭以及你周围的人。

社会是个大家庭,社会的风气影响着我们的生活情绪。人们同处在一个蓝天下,社会的问题也将是我们每一个人的问题,谁也不能独善其身,这是一种无形的责任,也是让我们活得更好的保证。

还记得春晚《扶不扶》的小品吗?这个小品反映的就是一个典型的社会问题,也是没有家风传承所遗留的道德问题。我们相信,社会中的多数人是善良的,但我们无法保证自己的善良会换来什么。既然看不到,人们索性装作看不见。这样的冷漠若循环往复,我们的社会就会变得无情,你所有的热情、所有的情感都将被冰封,这样的你会快乐吗?人们细细思索就会发现，如果冷漠变成现实，那么，快乐将会从自己的生活当中消失。但家风可以改变这样的社会风气。正是看到了这一点，家风又一次回到了人们的生活当中。

勤劳、善良、正直、真诚、好学等优良品质都可以成为家风的一部分，我们需要做的就是莫让这些优良的家风消失，莫让家风成为"一阵风"，而是要让它成为润物细雨，缓缓地走进人们的心中，影响人们的德行。家风的出现，与贫富无关，与受教育的程度无关，只与一个人、一个家庭以及整个社会的德行有关。家风不是灵丹妙药，它的作用是潜移默化的，但只要家风这个源头清澈了，整个社会就会渐渐变得清澈起来。

第三节　形成优良家风的重要性

家庭对整个国家具有非常的意义，不但稳定国家和社会的秩序，同时，在国家遇到危难时，为国出征，剩下的家庭成员也担当了经济大后方的角色。当然，对家庭成员而言，家庭也需要积极的意义，比如，生育子女，老有所养。这些都是家庭所扮演的角色。可以说，家庭的存在无论是对个人还是整个国家都具有极大的意义，因此，重视家风的传承，将会对整个家庭的未来产生影响。

中国人常讲：齐家治国平天下。齐家，是儒家思想传统中知识分子尊崇的信条。家的稳定和谐关系着整个国家的稳定，因此，齐家在今天而言仍具非同一般的意义。家风是齐家的精神所在。

也许，对年轻人而言，"家风"这个词代表着过去式，也没有人刻意去强调它的存在，久而久之，它便成为了前人的记忆，在现代社会中的存在感越来越低。须知，每个家庭都是社会的一员，家风不立，造就了整个社会风气的改变，拜金、啃老、不劳而获等价值观成为了一部分人的心中圣土，人们的道德观被颠覆，错与对、黑与白变得不分明，社会的道德底线一次又一次被冲破，人们的安全感也随之越来越弱，不得不每天生活在监控下，因为只有在这样的生活中，人们才会感到安全。究其原因，就在于好的家风从现代社会消失了，没有了优良的家风，人们的思想就少了一种正确价值观的指引。因此，家风是社会道德的实践者。它的出现，让齐家之说变得更加坚实。

家风是中华文明的见证者。古人一向注重家风，家风曾是古人立身的根本，是每一个家庭成员的价值观所在。在古人眼中，齐家就是树立良好的家风，因此，古人将家风视为齐家的核心所在，用良好的家风保持家族的传承。

在家风传承过程中，最重要的是行胜于言。只有言必信、行必果才能让家风真正地传承下去。司马光以不慕奢华、不图富贵、不假公济私为家风根本。他用这样的家风要求自己，用行动去影响别人。

司马光素以俭朴自守。在他看来，荣华富贵只是浮云，他在洛阳编修《资治通鉴》时，所居的住所位于城郊西北的一个小巷中，这个居所的布置只能用简陋来形容，它的作用简单到仅能挡风遮雨。以致在炎热的夏天司马光无避暑之处，为此，他特意请工匠挖地丈余，用砖砌成地下室，读书写作其间。就是在这样的环境下，司马光完成了影响后世的《资治通鉴》。当时，当朝的大臣王拱辰也居住在洛阳，但他的居所却是凌天高耸，最上一层称为"朝天阁"，洛阳人戏称："王家钻天，司马入地。"邵康节则打趣说："一人巢居，一人穴处！"司马光并不觉得自己的居住有何寒碜，反而甘之如怡乐在其中。

司马光既不慕奢华，也不图富贵，两者都是司马光的家风根本，但两者却巧妙地互相见证。他的不图富贵，表现在能克制自己的欲望，从不收任何人送的礼，就连皇上的赏赐也不接受。仁宗皇帝临终前立下遗诏，赐予那些为朝廷做出贡献的大臣一笔价值百余万的金珠。司马光等均在被赏赐之列。这是一份可以心安理得地接受的富贵，但司马光却未从自身考虑，而是考虑到国家财力不足，便领衔上疏请免。力辞未果后，司马光只好将自己那份珠宝一部分交谏院充作公费，一部分用于接济亲友，自家分文未留。

俗话说，"宰相家人七品官"。在封建社会，官位象征着财富，当然，不仅是为官者本人，就连身边的人也会因势而变得狐假虎威。如果为官者家风不正，那么，身边的人就会倚权仗势，横行不法。据《清仁宗睿皇帝实录》记载，乾隆时期的大贪官和珅不但自己贪没无数真金白银，就连他的大管家刘全，也查抄出资产超过20余万，并有大珠及珍珠手串。

家风的重要不仅仅体现在古人身上，身处现代社会的人也要有良好的家风，只有这样，才能真正做到齐家，让自己的家庭在好的家风影响下变得更加和谐，让每一个家庭成员从自身做起，洁身自好，从而提升整个家庭的道德修养。

家风是齐家的实践与行动。优良的家风需要的不仅是演讲，更需要实践精神，没有实践支持的家风，既不会长久，也没有现实意义，只是无谓的空想，这也是人们强调行动重要性的根本所在。

我们每个人都能从家风当中看到自身的不足。以自我完善为基础，达到先齐家后治国的目的。家风是中国数千年文化的精华，它负责的是社会道德，人们的德行素质，在古代的思想当中，德行是重中之重的内容，虽然很多时候，人们无法实现平定天下的愿望，但却可以通过"穷则独善其身，达则兼济天下"来完善自我，正心修身。家风传承的是积极的人生态度，这也是传承数千年影响始终不衰的根本原因。

可惜的是，现代人不再强调家风的作用，甚至有些家庭根本没有家风的存在，这是可悲的。家庭是一个人成长的摇篮，我们每个人都深受家庭环境的影响，比如，有的家庭将善意的谎言当成无伤大雅的小玩笑，如果只是成年人之间的玩笑，也许后果并不会太严重，但如果有孩子在场，这个玩笑就有可能传递给孩子一种错误的信息，谎言也没什么大不了的。因此，强调家风，实践家风，成全的不仅是自己，还有自己的后代。

古语有云："遗儿千秋富贵，莫若良言一句。"什么是良言？良言即家风。陆游在《示子孙》中这样说："富贵苟求终近祸，汝曹切勿坠家风。"由此可见，古代人对家风非常重视，这才造就了一个又一个传承不倒的家族。

在现代社会当中，许多时代精英都要求子弟继承本家族的清白家风，在他们看来，无论何种成功，首先要在本质上成功，只有这样的成功才会长久。家风不应成为一种可有可无的存在，它需要进入我们的家庭当中，因此，现代人应重新树立良好的家风，让良好的家风去改变自己、影响他人。

第四节　好家风有助于提高自我素质修养

每个人的心中都有着一份渴望，这份渴望源于我们的内心世界，我们的心中有无数个对未来的构想，在这些构想当中，有一些是能够促使我们不断向前的力量，比如，我们对成功的构想。

每个人都渴望成功，你可以说这是一种欲望，但也可以说这是一种看得见的进取心。最终是欲望还是进取心取决于我们对成功的判断标准。

如果金钱就是你成功的唯一标准，那么，这样的成功就是一种欲望,反之,你的成功是为了实现自我价值的同时,尽己所能地帮助其他人,那么,这样的成功就是一种进取心。同时,后一种成功才是真正意义上的成功。而好家风则可以让这一切变成事实。

优秀的自己不是天生的,需要家与社会的共同历练。好的家风是自我素质修养的熔炉,在好家风的影响下,我们可以获得更多精神上、思想上的提高,而这些提高,与物质的丰厚不同,它关系着我们人生的走向,是我们人生的精神纽带。

我们都曾有过这样的疑问,如何才能成就一个优秀的自己?有大智的古人曾说过:优秀的自己需要的不仅是丰富的知识,更需要优良的品质,只有两者相结合,才能让自己功成名就。但现代人更注重知识和能力,却忽视品质对一个人成功的影响,久而久之,社会的道德也随之下降,于是有了世风日下的感叹,我们成为了没有好家风,社会道德风气下降的直接受害者。

因此,不要认为好家风与我们自身无关,只要我们生活在这个社会当中,社会的任何变化都会影响我们自身。更何况,一个人的成功离不开品质,就像鱼儿和水一样,只有水质更好,鱼儿才能活得更好。

人们对成功之人有一个很好的形容即功成名就。功与名是连在一起的。功也许靠的是自身的实力,但名却需要德行。可见,好的德行是成功的一半。古往今来,那些功成名就之人都有着良好的家风,他们用家风的能量来锤炼自己,从而让自己德行无亏。提起功成名就,岳飞的事迹流传至今,伴随着他的英雄事迹一同流传下来的,还有"岳母刺字"这个故事。也许,我们可以从故事当中看到家风对一个人成功的影响。

在岳飞年少时,当时的他仅有十五六岁,但内心却充满抱负。那时,北方的金人南侵,而宋朝因当权者腐败无能,节节败退,整个国家到了生死存亡的关头。年少的岳飞毅然投军抗金。不久因父丧,退伍还乡守孝。

1126年金兵大举入侵中原,岳飞再次投军。在他走之前,姚太夫人把岳飞叫到跟前,对他说:"孩子,现在国难当头,你有什么打算?"

岳飞毫不犹豫地答道:"当然是到前线杀敌,精忠报国!"

姚太夫人听了儿子的回答,十分骄傲,因为"精忠报国"正是她对儿子的期望,也是她想传给儿子的精神财富。也许,当时的人没有意识到精神的力量,但却默默地将其发扬光大。姚太夫人决定把这四个字刺在儿子的背上,让他永远铭记在心。让这四个字成为岳家的家风,不断激励岳家子孙。

岳飞没有抗拒,主动请母亲在瘦瘦的脊背下针。

姚太夫人毕竟是一位母亲,她在下针前问:"孩子,针刺是很痛的,你怕吗?"

岳飞的脸上没有一丝恐惧和害怕,反而很有志气地说:"母亲,小小钢针算不了什么,如果连针都怕,怎么去前线打仗!"

姚太夫人听了儿子的回答,知道儿子所说的话并非一时冲动,于是她用绣花针在岳飞的背上刺下了留传后世的"精忠报国"四个字。刺完之后,岳母又涂上醋墨。从此,"精忠报国"四个字就永不褪色地留在了岳飞的后背上。

母亲的鼓舞激励着岳飞。岳飞投军后,英勇杀敌,不断地实践着精忠报国的精神,多次打败金军,并受到宗泽的赏识,称赞他"智勇才艺,古良将不能过",后来成为著名的抗金英雄,被历代人民所敬仰。

一个人的成功是双方面的,单单物质上的成功并非真正意义上的成功,反而精神世界的胜利更加长久。比如,古代的那些名人们,也许,他们在当时并没有显赫的地位,但他们的精神却一直流传至今。

有人说，岳飞精忠报国换来的是以莫须有罪名而死的结局。我们也为岳飞感到不平，但他的精神是不可否认的。至少在当时做到了功成，而在身后做到了名就。在中国几千年的历史当中，有的人名垂青史，有的人遗臭万年。而根源就在于家风。因此，好的家风能成就一个人的一生。

现代人的成功也需要好家风的帮助。好的家风，不仅可以让我们获得正确的人生观和价值观，还可以净化我们的品德，让我们在面对外界形形色色的诱惑时，能够保持一颗清明的心。这一点对成功是十分关键的。

功成名就之人的修炼，不能只停留在表面，要深入到精神层次。一些精神上的自我调动，往往能激发出个人的潜在能力。这也是好家风的主要作用之一。

现在的你，如果对成功充满了渴望，那么，首先要做的就是对功成名就有着正确的理解；其次，就是为自己的个人素质修炼树立良好的家风，坚持并实践家风精神；最后，就是内外兼修，提升个人的能力和品行。只要做到这三点，你与成功的距离将会越来越近，而这样获得的成功必将长久且能够经受住外界的任何考验。因此，纵观历史，我们可以看出良好的家风是成功的助手，有了它，成功将变得不再神秘和遥远。

第五节　好家风是正能量的源头

家风与社会之风是息息相关的。家风纯，则民风正；民风正，则家国安；家国安，则万事兴。家，可以说是整个社会的最基本单位，但就是这一个又一个并不起眼的小家，关系着整个大国大家的安定。自古以来，家就被视为一种文化，它是影响家庭成员一生的精神文化。

每个家庭都是一个独立的小社会，大社会的和谐与正能量的获取，都需要每个家庭的贡献。因此，生活中的我们不要忽视和轻视自己家庭的力量，从家庭内部入手，从树立好家风开始，激活自己的人生正能量，让这些能量与家风形成互动，从而让家风真正成为人生正能量的源头，影响一个家庭所有成员共有的生活习惯、思维方式及言行举止，同时，也培养了家庭成员的品格、文化素养和道德情操。

"家是小社会，大社会则是千万家"。一个个家庭的家风影响着整个社会的风气，因此，家风不可小觑，家风的作用并不是无关痛痒的，它甚至关系到一个国家的生死存亡。在古代中国有"孟母三迁"的故事。讲述的是大思想家孟子年少时的故事，当时，孟子的家住在坟墓的附近。因此，少时的孟子经常喜欢学别人办丧事玩。这一情景被孟母见到，她认为，这个地方不适合居住。于是就带着孟子搬迁到市场附近居住下来。可是，受商人的影响，孟子又学商人做买卖的事情。这让孟母再次感叹此处不适合居住。于是又搬迁到书院旁边住下来。孟子以进退朝堂的规矩作为自己的游戏。此时，孟母说："这正是适合安顿我儿子的地方。"于是就定居下来了。

"孟母三迁"的故事就这样流传了下来。这个故事告诉我们，良好的人文环境对人类的成长和生活是十分重要的。尤其是现代人，在物质生活得到满足的同时，应将目光定位于更高品位的精神世界。只是现代人的生活范围很广，生活环境也更为复杂，且人与人之间的联系更加密切。就算我们想找一处适合居住的世外桃源，怕是也无法达成心愿。因此，只有整个社会的环境发生根本性的改变，我们才能活得更加幸福，更有安全感。而家风正是改变整个社会环境的根本。从小家做起，影响大家，最终提升整个社会的风气，让每个生活其中的人都能够自觉维护良好的社会风气，同时，也能够进行自我的管理，

第十一章 形成优良家风

从而在整个大社会中形成一种良性循环。

遗憾的是，现代人忘记了家风的正能量作用。每个人的心中只有自我，而不顾及他人，结果，不但破坏了人与人之间的和谐关系，还让整个社会的风气从温暖变成寒冷。正常而言，摔倒在路边的老人扶不扶，这个问题理应不需要犹豫，但扶起来后曾被讹诈的例子就发生在身边，虽然只是极小一部分的行为，但谁能保证这样的倒霉事不会降临到自己的头上呢？于是，人们情愿在身边有人摔倒时让眼睛暂时失去作用，对发生在别人身人的不幸视而不见。这是谁的悲哀，只是摔倒之人的悲哀吗？并不是，而是整个社会的悲哀，

人们的不敢扶，只能说明了一些人彼此不信任，相互之间的欺骗，相互之间的尔虞我诈，而这是社会道德的沦丧，造成这种现象与社会风气不无关系，与家风不无关系。

好的家风是社会正能量的源头，也是人生正能量的源头，如果一个人想要堂堂正正，活得心灵不受束缚，就要有良好的道德做基础。家风不仅关系到一个家庭的幸福，更关系到整个社会风气的变化，好家风的存在对国家的安定繁荣至关重要。在《礼记·大学》中有这样的叙述：古之欲明明德于天下者，先治其国；欲治其国者，先齐其家；欲齐其家者，先修其身；欲修其身者，先正其心；欲正其心者，先诚其意；欲诚其意者，先致其知，致知在格物。物格而后知至，知至而后意诚，意诚而后心正，心正而后身修，身修而后家齐，家齐而后国治，国治而后天下平。从这些文字当中，我们读出了修身、齐家、治国、平天下之间的关系，而其中"修身""齐家"都是对家风的反映。这就是先扫己屋，才扫天下的道理之所在。

那么，家风究竟是什么呢？答案是仁者见仁智者见智，一般而言家风基本上可以粗分为两大类：一类是传播非正能量的家风，另一类是传播正能量的家风。当然，非正能量的家风不

用刻意去树立，它的存在本身就是与社会的发展相矛盾的，是应该被剔除的社会糟粕。

正能量的家风对家庭、对社会都是具有促进意义的。它的存在和建设需要过程，需要长期的理智和信念的付出，更需要家庭成员时刻注重自己的言行，即使生活得并不十分如意，也不要以粗暴的方式释放心理压力，否则家风就只能是一时的摆设，无法对家庭及成员产生影响和作用。

在现代社会当中，我们之所以重新提倡好家风、正能量这个概念，是因为当今社会一些好的家风正渐渐地远离我们的生活，社会道德的力量渐渐变弱，整个社会风气急速退化。因此，我们需要重建那些被丢失的好家风。当然，每个家庭的家风都是不尽相同的。这就像每个人的人生一样，只有不同，才能更精彩。中国人对家是十分注重的。每个家庭都有自己的优良文化，我们可以从这些文化当中汲取积极内容作为家风进行传承，让家风释放出新能量，并通过言传身教，让家风在家庭成员中形成价值共识，代代相传。

传递家风的正能量，不是某个人的责任，而是每个人的责任，只有勇于面对这样的责任，我们的家风文化才能重新绽放光芒。

第六节 良好家风不可或缺的基本要素与根本要求

好的家风如润物细无声的春雨，滋润着每个人的内心世界。好的家风的建立不是一蹴而就的，而是需要家庭成员的共同努力。家风文化是多方面的，但主线却只有一条，只要我们能够笔直地走在主线上，家风文化就能够得到建立和传承。

第十一章　形成优良家风

一、尊老爱幼

敬老爱幼一直是中华民族的传统美德。在每个人的一生当中，

谁也逃不开幼和老这两个时期。最为关键的是，这两个时期是人生当中自我保护能力最弱的时期，需要他人的帮助才能更好地生活。

我们可以试想一下，一个人如果年纪大了，却没有人肯帮助自己，生活必然过得艰难；一个人在幼小时，若没有得到应有的照顾，必容易趋于堕落。因此，从人道主义来讲，对老幼这两个特殊的年龄段给予应有的照顾是人之常情，也是人们体验生命仁慈的根本。

记得孟子说过一句名言："老吾老以及人之老，幼吾幼以及人之幼。"如果生活中的我们能够真正体会到这句话的含义，也许，传统的敬老爱幼美德就没有必要反复提及。但事实上，有些人连自己的父母和孩子都不愿意倾尽全力的照顾，照顾他人就更是一种妄想了。

我们并不想扩大社会的阴暗面，只想通过小部分的案例，提醒大多数的人们，反思自己的生活，反思自己的家风。如果一个家庭当中没有温暖，那么在社会当中，也将无法得到温暖。究竟怎样的生活，怎样的家风，才能让我们的生活和谐和幸福呢？从下面的例子中我们也许可以找到尊老爱幼的途径，让我们的生命重新感受到温暖。

有一个名叫童童的孩子在一次车祸中失去了父母，那时的他也坐在车上，却奇迹般地活了下来，但童童因为脑部受伤而彻底失去了记忆。他在伤好后，就被送进了孤儿院。在那里，童童并不快乐，他也想拥有自己的父母。

在他去了孤儿院几个月后，就有一对青年男女来看他，他

们对他很好，有时，还会带他去自己的家中玩，这让他感到很快乐。这对青年男女也是在不久前失去了唯一的孩子，看到他，就想起了自己的孩子，于是把全部的爱都放在了童童的身上。虽然他们没有领养他，但却承诺会承担他一直到大学的生活和学习费用。重重虽然失去了父母，但也感受到了爱。这对青年男女伴随着他的成长也一点点老了，童童在大学毕业后，就开始了独立的生活，但他时常会去看望他们，这个没有血缘关系的家庭就这样无声无息地组成了，在外人的眼中，这样的一家人和谐而温暖。

这样的家庭令很多人羡慕。其实，他们之间的关系之所以融洽，是因为他们都有一颗仁慈的心，真正做到了老吾老以及人之老，幼吾幼以及人之幼。

当然，现实生活中的我们无法做到这一点，因为，我们也有自己的父母和孩子需要照顾，但我们可以用别的方法去实践尊老爱幼。比如，针对老年人和儿童的慈善捐款。这对那些没有依靠的老人和儿童是一种生活来源，能改善和提高他们的生活水平，让他们在自己没有能力照顾自己的时候，感受到来自他人的温暖。

在一个偏僻的山区中，学校对孩子们而言是一种难言的奢望，城里的老师根本不愿意到那个偏僻的地方去教书，可是，孩子们如果不上学，就更没有办法改变山村和自己的命运，为了山村的未来，

几户人家商量着一同出去打工，目的就是挣到钱，为山村盖一所属于自己的学校，让孩子们不再在寒冷中读书。

几户人家到了城里，找到了工作，努力挣钱。终于用两年的时间，完成了这一梦想。当他们看到村中的孩子能够坐在温暖的教室当中学习，觉得自己这两年的辛苦值得。

这几户人家并非只为了自己，而是为了更多同样受苦的孩

子们,这份没有私心的付出足以让我们动容。也许,我们无法做到同他们那样伟大,但至少不要让我们的心冷却下来,去主动帮助那些需要帮助的人。这也是家风的一部分。

给,本质就是一种舍,我们在给予别人帮助的时候,就是在舍自己的某些东西,比如时间、关怀、财物等。但我们在舍的同时,同样也会得到,如一份心境、一份快乐,这就是"赠人玫瑰,手留余香"的道理之所在。

《圣经》中有这样一句话:人降临世界的时候,手是合拢的,似乎在说:"世界是我的。"但人在离开世界时手是张开的,仿佛在说:"瞧啊,我什么都没有带走。"其实一个人的一生需要的并不多,既然如此,何不用我们的能力去帮助别人呢?

对老人和孩子的爱是一个家庭的家风,这种家风如果能够惠及他人,对那些与我们没有血缘关系的人也能付出一份爱心,那么,整个社会将变得温暖起来。

世界是需要爱的。老人和孩子的世界更需要爱。有了爱以后,世界将变得充满爱与美丽。家风就是让我们想起爱,付出爱,让我们明白,帮助需要帮助的人不仅是一种品质,一种德行,更是一份爱心,一份温暖。好的家风需要以爱为基础,在爱的基础上发挥我们个人的知识与才华,创造属于自己的世界。

中国传承了数千年的家风文化,均是以爱为基础的。尊老爱幼正是家风中爱的核心之一。如果每个人都能在照顾自己的同时,分出一份爱心献给需要帮助的老人和孩子,那么,我们的家风将永久地传承下去,因为自古以来,爱才是永恒的。

爱让人与人之间变得更为和睦,整个世界,同样会因此变得更加和谐与温馨,家风中爱的内容是隐藏的,就像中国人的性格一样——含蓄。但我们要明白,家风的存在就是爱存在的土壤，越是优良的家风，就越懂得爱的重要性。

二、孝敬父母

中国有句古语："百善孝为先。"孝敬父母一向位居中华美德的榜首。中华民族历经几千年的历史和文化发展，孝行一向是社会最提倡的，古人将孝视为一切德行的表率，甚至在普通人眼中最为无情的帝王之家，也将孝视为德行之首。每代的帝王都能在孝行方面做出表率。

古人对孝敬父母十分注重。即便是位高权重之人，也将孝放在首位。我们所熟知的包拯，也是以孝闻名之人。只是人们更关注包拯的铁面无私，而较少关注他对父母的孝行。

包拯是庐州合肥（今安徽合肥市）人，他的父亲包仪，曾任朝散大夫，死后被朝廷追封为刑部侍郎。包拯在少年时便以孝而闻名，并且他的性格正直而敦厚。在宋仁宗天圣五年，当时28岁的包拯中了进士，开始了他的仕途生涯。他曾先任大理寺评事，后来出任建昌（今江西永修）知县，只是他的父母年老不愿随他到他乡去，包拯理解父母的想法，于是他马上辞去了官职，回家照顾父母。这样的举动，令百官称颂。

在几年之后，包拯的父母相继过世，包拯才重新踏入仕途。在中国的古代，如果父母只有一个儿子，那么这个儿子不能扔下父母不管，只顾自己去外地做官。这是违背封建法律规定的。

包拯能够为父母辞官，说明孝在他心中占据第一位。他对父母的孝敬也让当今一些对父母不孝之人感到羞愧。

百善孝为先的美德，随着社会的发展理应更深入人心，但现在的人却只关注自己，对父母的关注越来越少。父母年纪越大，越容易感到寂寞，越希望自己的子女能够陪在身边，只是这样的愿望对现代人而言是十分奢侈的。多数人都忙于打拼自己的事业,自己的家都无法照顾全面,更何况是不在身边的父母呢?

其实,打拼事业过程中有些事情无法兼顾是可以理解的,但父母年纪大了,需要人陪,作为子女理应满足父母的要求,有事没事常回家看看,陪父母吃吃饭,聊聊天,让父母时常开心一下,这样的做法,就是孝的一种体现。只是现代人将孝与金钱联系在了一起,认为只要给钱,就无须再管任何事情了,这是对孝的一种误解。试想一下,当我们在年幼时,父母付出的不仅是金钱,还有时间和爱。而后两者是无法用金钱来衡量的,作为子女要拥有一颗感恩的心,用真心、用孝心去照顾自己的父母,让他们开心地度过晚年生活。

重树家风,就是要重新挖掘中华的德行之本。孝是传承了千年的美德,自然要在现代社会发挥其作用。在中华民族几千年发展历史当中,留下了无数孝敬父母的故事。"子路负米"的故事就是其中之一。

仲由是春秋时期鲁国人,字子路。他从小家境贫寒,但他从不抱怨,他知道父母已经尽可能地维持生计。因此,子路从未觉得苦,反而觉得自己很幸运,因为父母很爱他。同时,子路也为自己的父母感到担忧,他怕父母会因贫困的生活而影响身体健康。

当时,子路所居住的地方没有米出售,为了让父母吃到米,他需要步行百里,再背着米赶回家里,奉养双亲。百里的路程是十分遥远的,也许人们可以走上一两次,但却无法长久。而子路为了能让父母吃到米,不论寒风烈日,都不辞辛劳地跑到百里之外买米,再背回家。

子路负米的故事告诉我们:孝并不是一句口号,而是要付出的。现代人缺少的正是这种付出精神。孝行是一代传一代的,大人们的一言一行都影响着自己的孩子。还记得在电视上曾看到这样一则广告,妈妈为自己的母亲端水洗脚,这一幕被年幼的儿子看到,当妈妈回到房间后,儿子也端着一盆水来为自己的妈妈洗脚。这就是孝的传承。

如果今天我们因为工作繁忙而不愿意去时常看望父母,那么,几十年后的今天,我们将为自己的不孝行为付出代价,我们的子女也会用同样的方式来对待我们。如果到那时,我们才体会到孝的重要性则为时已晚。

人的一生可分为三部分,第一部分是读书时期,那时的人们内心是自由的。第二部分是组成家庭之后,人生的主要压力都集中在这一阶段,因为这时的人们上有老,下有小。第三部分是晚年生活,劳碌了大半生理应安养天年。可是子女不在身边,晚年的孤独感又强烈,多数老人都觉得生活不如意。不是源于物质上的贫穷,而是源于精神上的空虚。

其实,人生不过几十年。与父母相处的时间只会一天一天地减少。尤其在现代社会,我们与父母朝夕相处的时间也就十几年,上了大学,有些人甚至上了高中便离开了父母的身边,那时的我们已经长大,有了自己的朋友圈,有了自己的人际关系网,父母便退居到了幕后。但我们在长大之前,是得到父母细心照顾的,如果身为子女将这一点忘记了,那么,我们自然就会沦为不孝之人。

当今社会,有很多父母在晚年的时候孤独无依,他们虽然有子女,但却无法将子女留在身边,很多人被送进养老院,作为子女却很少过问和探望,令自己父母的晚年生活变得孤独,虽然衣食无缺,但精神世界却没有半分的依靠。

正是这样的现象越来越多,人们将常回家看看这句话便挂在了嘴边,孝敬父母的美德再次被有意地提起,目的只是让人们进行自省。良性的循环才能得到好的结果,否则,今天父母的孤独,就是我们晚年之后的写照。

三、勤俭持家

勤俭之道在中国经历了几千年的辉煌后，渐渐被人们所遗忘。众所周知，面子在人们的生活中是一个很重要的话题，只是现在的面子依靠的并不是过人的能力，而是越来越奢华的生活。奢华之风成为时下的流行风，人们已经忘记了勤俭才是财富的缔造者。自古以来都是"成由勤俭破由奢"。

勤俭节约是中国人的一种传统美德，是中华民族的优良传统。它影响着一个人、一个家庭，甚至一个国家、整个人类的生存和发展。勤与俭是并存的，缺少任何一个，发展都将变得坎坷。有这样一个民间故事可以清楚地告诉人们勤与俭的关系。

在很久以前，有一座小山村位于中原的伏牛山下，在山村里，住着一个叫吴成的农民，吴成这个人一生勤俭持家，日子虽然不算富足，但也过得无忧无虑，且家中有两个儿子，生活过得和谐而美满。相传他临终前，曾把一块写有"勤俭"二字的横匾交给两个儿子，并对他们说："这是我给你们的财富，只要你们依照这两个字去做，就会一辈子都不会受饥挨饿。"两个儿子知道这是父亲一生的经验，含着泪答应了。

但随着两兄弟的关系越走越远，到后来，还是不得不分家，什么东西都是一人一半，刻有"勤俭"二字的横匾自然也一分为二。老大分得了一个"勤"字，老二分得了一个"俭"字。老大自得了"勤"字后一直都以这个字来要求自己，每天都"日出而作，日落而息"，在他的辛勤耕作下，年年五谷丰登。依此，他的生活理应无忧，但他的妻子却过日子大手大脚，生活十分浪费。久而久之，虽然他的家中每年都收获很多，但却没有一点余粮。

老二得到了一个"俭"字，他也按照这个字去做，但却把"勤"字忘到九霄云外。他生活虽然省吃俭用，但却疏于农事，又不肯精耕细作，因此，每年的粮食都不多，生活仍旧困苦不堪。不巧的是这一年天公不作美，遇上了大旱，老大、老二家中都早已是空空如也。

这两个人想了想，觉得父亲的牌匾根本无用，于是扯下字匾，将"勤""俭"二字踩碎在地，以发泄自己心中的不满和愤怒。这时候，匾中出现了一张纸条，兄弟俩连忙拾起一看，只见上面清楚地写道："只勤不俭，家境败空；只俭不勤，坐吃山空。"

这时，兄弟俩才恍然大悟，原来"勤""俭"是不能分家的，它们是相辅相成，缺一不可的。在知道了这个道理后，兄弟俩虽然已经分家，但却分别将"勤俭持家"四个字贴在自家门上，以时刻提醒自己，同时，也告诫妻儿，此后日子过得一天比一天好。

勤与俭的关系是分不开的。缺少任何一方面，生活都将陷入困惑，现代人的生活水平越来越好，人们的追求也发生了根本性的转变，勤俭持家的美德已不复存在。越来越多的人陷入对奢侈品的追求当中，却忘记了曾经那些难过的日子，暴发户的心态影响着每一个生活越来越好的人们。

在网络上曾经流传着这样一段话：等我有钱了，我什么东西都要双份，早上喝豆浆，要两杯，喝一杯倒一杯；等我有钱了，私人别墅盖两栋，一栋住人，一栋养猪；等我有钱了，开两家公司，一家当老板，一家当员工……这个网络帖子有些讽刺幽默在里面。从这个段子中，我们看到人们在物质生活丰富之后的迷茫。现实生活中，很多人正是这个段子的忠诚实践者。这是社会的一种倒退，古人尚且知道勤俭持家的重要性，但现代人却将之抛诸脑后。

季文子出身显赫，他出身于三世为相的家庭，他本人是春秋时期鲁国的贵族，是当时著名的外交家。他为官30多年，在政绩卓著的同时，以节俭为立身的根本，在身体力行的同时，也要求家人过俭朴的生活。以季文子的身份和地位是无须为钱银发愁的，但他却没有用奢侈的生活来炫耀自己的地位，正因为如此，他才更加受人尊重。

勤俭节约已经渐渐被当今社会所遗忘了，市场上那些高级的奢侈品，很好地诠释了人们对金钱的概念、对生活的要求，在很多人看来，活着就是为了享受，因此，他们将钱花费在大量的奢侈品上面，奢侈的生活固然可以让我们短时间内感到心情愉悦，但时间久了，我们就会找不到生活的目标，反而在俭朴当中，我们可以看清很多事情，比如，找到自己的人生价值，用节俭下来的钱帮助有需要的人。这样的做法，不但可以解决别人的困境，更能愉悦自己的精神世界。

当然，物极必反，勤俭节约也需要有度，过度的节约就是一种吝啬。在文学作品中就有对这类人的描述，比如，在欧洲文艺复兴时期的作品当中，著名的吝啬鬼的形象——欧也妮。《葛朗台》中的老葛朗台，生前处处算计，为人极其吝啬，在他眼里，女儿妻子还不如他的一枚钱币，是守财奴的代表。

勤俭持家并不是让我们吝啬，而是让我们踏踏实实地生活，只有将这样的家风传承下去，家庭才能保持长久的兴旺。诸葛亮把"静以修身，俭以养德"视为"修身"之本；朱子将"一粥一饭，当思来之不易；半丝半缕，恒念物力维艰"当作"齐家"的训言。古人的智慧来源于生活，必然也将指导我们的生活。勤俭持家的美德不应被遗忘，它理应成为我们家风的重要组成部分，世世代代传承下去。

四、诚实守信

"言必信，行必果。"这正是中国人对诚信的理解。在中国人的意识当中，诚信之人才是值得信赖的人，这样的选择不仅体现在商业合作方面，连最感性的婚姻也同样需要诚信的支持。诚信是社会道德，只有真正了解它的人才知道它的力量。

虽然中西方文化不同，但人们对诚信的理解是相同的。对诚信之人，人们在相信的同时，也更愿意真心地帮助他们。

在18世纪的英国发生过这样一个故事。一天深夜，一位有钱的绅士走在回家的路上，他被一个蓬头垢面、衣衫褴褛的小男孩拦住了。这个小男孩用恳切的语气说道："先生，请您买一包火柴吧。""我不买。"绅士摇头说道。说着绅士有意躲开男孩儿继续走，但小男孩并不放弃，而是追上去，"先生，请您买一包吧，我今天还什么东西也没有吃呢。"绅士看到躲不开男孩，便说："可是我没有零钱呀?"小男孩听到绅士的回答，很开心，并说道："先生，您先拿上火柴，我去给您换零钱。"说完男孩拿着绅士给的一英镑开心地跑走了，绅士在原地等了很久，但那个小男孩始终没有回来，绅士叹了口气，无奈地回到了家中。

第二天，绅士已经将昨夜的事情忘记了，他正专心于自己的工作。这时，外面的仆人走进来，说一个男孩要求面见绅士。绅士感到奇怪，便让人将男孩领进来。这个男孩比卖火柴的男孩矮了一些，穿得更破烂。只听这个男孩用稚嫩的童音说道："先生，我的哥哥让我给您把零钱送来了，他让我代他跟您说声对不起。"绅士随即问道："你的哥哥呢?"小男孩儿低下头，声音中略带悲伤地说："我的哥哥在换完零钱回来找你的路上被马车撞成了重伤，现在在家躺着呢!"绅士被感动了，被昨夜那个卖火柴的小男孩儿的诚信所感动。他决定去看看那个孩子。去了男孩儿的家一看，男孩儿的家中家徒四壁，只有两个男孩的继母在照看受到重伤的男孩儿。昨夜卖火柴的男孩儿一见到绅士，首先道歉："对不起，我没有给您按时把零钱送回去，失信了!"绅士摇摇头说:"你没有失信。"当他了解到两个男孩的双亲都双亡时，毅然决定承担他们生活所需。

诚信是一种可贵的品质，诚信者的身上总是散发出温暖的阳光，让人们愿意接近他。只是现代人越来越注重自己的意识，为了达到某种目的，总是喜欢用谎言去面对他人。这样的人无论是经商还是做人都无法得到他人的信任，但很多人明知会有这样的负面作用，仍旧乐在其中。其实，真正有所成就的人都懂得诚信的重要，中国古时候的人，对此深有感触。

春秋战国时期，秦国的商鞅在秦孝公的支持下主持变法。变法刚刚推出就受到了阻碍，因为人们不相信。商鞅明白人们心中的疑惑，为了树立威信，推进改革，商鞅便想出了一个办法，让人们相信自己所说的都是真的。他下令在都城南门外立一根三丈长的木头，并当众许下诺言：谁能把这根木头搬到北门，赏金十两。围观的人很多，但却没有人出手一试。见状，商鞅将赏金提高到五十金。正所谓"重赏之下必有勇夫"，终于有人站出来愿意试一试，他将木头扛到了北门。商鞅立即赏了他五十金。这下百姓相信了。商鞅接下来的变法很快就在秦国推广开了。新法使得秦国渐渐强盛，最终统一了中国。

这就是诚信的力量，国家需要诚信，个人也需要诚信，当然，有正面的教材，就一定会有反面的教材。同样在商鞅"立木为信"的地方，曾发生过一场令人啼笑皆非的"烽火戏诸侯"的闹剧。

周幽王是中国历史当中有名的昏君，为了博自己的妃子褒姒一笑，他下令在都城附近20多座烽火台上点起烽火——烽火是边关报警的信号，这种信号只有在外敌入侵时召诸侯来救援的时候才能点燃。周幽王和褒姒看到诸侯们匆匆赶到时手足无措的样子，两个人开心地大笑。五年后，酉夷太戎大举攻周，周幽王烽火再燃而诸侯未到——谁也不愿再上第二次当了。结果周幽王被逼自刎，而褒姒也被俘虏。

这就是"狼来了"的故事，谎言多了，人们便不再相信了。可见，诚信对一个人、一个国家是多么重要。诚信的品质一直都在传承，只是人们的执行能力差了一些，总是有选择性地来表现自己的诚信品质。说谎可能真是一种惯性，而产生这种惯性的原因就在于人们总是想让事情向有利于自己的方向发展。于是当事情改变轨道时，人们就会利用谎言来让它变得对自己有利。

其实，这是一种不必要的掩饰，任何谎言都经受不住事实的考验。尤其是在当今社会，人与人之间的关系密切，沟通渠道也是多种多样。任何一个不诚信的行为，都会很快被曝光，结果是自己伤得更深。

在所有的社会道德品质当中，诚信位居前列，因为很多社会问题的根源都在于诚信。比如诈骗、扶不扶等问题，这些问题从表面上看是社会道德的倒退，但其实质是人与人之间信任不存的结果。

诚信在当今社会是必不可缺的，虽然人与人之间缺少诚信。每个人都戴着面具生活，但这是一种无奈。如果每个家庭的家风都能从诚信做起，让人与人之间的关系回到最简单的状态，那么，人们就会脱下面具，用真实的脸享受阳光。

五、勤奋好学

当今时代，是知识的时代。在中华民族几千年发展历史中，没有任何一个时期像今天这样强烈地需要知识的力量。人们对知识的渴求也达到了一个很高的峰值。可以说，在当今这个注重个性的年代，勤奋好学的家风是最容易被接受的。因为，人们能从每一天的生活中清楚地了解它的重要性。

第十一章　形成优良家风

梦想是一个人一生的追求。在人们的眼中，勤奋是梦想的催化剂，它帮助我们走向梦想，实现梦想。当然，知识无论在哪个年代，它的作用都是无法替代的。古人为了获得知识，可以付出一切。这就是精神，勤奋好学的精神。

匡衡在小的时候家境贫寒，虽然他自己勤奋好学，但家中却没有蜡烛照明。邻家有灯烛，但光亮照不到他家，匡衡便想办法去借光亮——他把墙壁凿了一个洞，每日借着邻居的灯烛努力读书。而他的书也并非自己去买，因为他的家中没有钱为他买书。他在同乡大户人家文不识的家中做工，不要工钱，只希望能将他家的藏书都读一遍。文不识听后，深为感叹，就把书借给他读。于是匡衡成了大学问家。而他的故事也因此流传了下来，这就是著名的"凿壁借光"的故事。

可见，匡衡为了读书可谓绞尽脑汁。他贫寒的家境并没有让他丧失求知的欲望，正是这份执着与追求，他才能摆脱自己原有的命运，创造属于自己的世界。他的这种做法，在今天看来就是一种自由。

我们每个人都希望自己的人生由自己掌控，自己的理想与愿望能够实现。然而，所有的现实都需要我们的付出与努力，如果我们不愿意勤奋地学习，用知识去武装自己，那么，终有一天会产生书到用时方恨少的遗憾。

古时的苏秦就曾有过这样的经历。

苏秦本是洛阳人。洛阳是当时周天子的都城。正所谓近水楼台先得月，年少时的苏秦才疏而志高。他一心想有所作为，想求见周天子，但周天子并非普通人可以轻易见到的，在没有引见之路的情况下，苏秦觉得自己不得志，于是一气之下变卖了家产到别的国家找出路去了。

可是，那时的他根本是盲目的，且才能并不十分出众，这样的人自然无法出人头地。在外颠簸了好几年之后，苏秦没有达到目的,而变卖家产的钱也用光了。无奈之下,只好红着脸回到家中。家里人便看到了他一副落魄的样子——穿着草鞋,衣衫褴褛,挑副破担子。他的父母看到后,心疼之余,也很是生气,狠狠地骂了他一顿;而他妻子坐在织机上织帛,根本就没有理他。他感到饥肠辘辘,于是求嫂子给他做饭吃,嫂子不理他扭身走开了。这样的一幕让苏秦受了很大刺激,他告诉自己再也不能这样意气用事了,决心争一口气。

从此以后,苏秦像变了一个人,他开始从根本上充实自己,发愤读书,钻研兵法,天天到深夜。读书到很累很困时,他就用各种方法让自己清醒,以便继续读书。相传,他晚上念书的时候还把头发用带子系起来拴到房梁上,一打瞌睡,头向下栽,揪得头皮疼,他就清醒过来了。这就是"头悬梁"的由来。

当然,苏秦的勤奋读书也换来了成绩,只用了一年多的时间,他的知识就比以前更加丰富了。当时,战国七雄中,秦国仗着强盛不断发兵进攻邻国,占领不少地方。其他六国都很害怕,苏秦正是看到了这样的一幕,提出了"合纵抗秦"的主张,结果他成功了。六国诸侯订立了合纵的联盟。苏秦挂了六国的相印,成了显赫的人物。

勤奋好学,学到的不仅是知识,更是对时机的准确判断。现代人不缺少读书的机会,只缺少刻苦的精神。

世界著名数学家华罗庚曾说过:"科学的灵感,绝不是坐等可以等来的。如果说,科学上的发现有什么偶然的机遇的话,那么这种'偶然的机遇'只能给那些学有素养的人,给那些善于独立思考的人,给那些具有锲而不舍的精神的人,而不会给懒汉。"如果我们没有锲而不舍追求知识的精神,那么,我们必将一生无所成。勤奋才是让我们梦想成真的罗马大道,只有勤奋才能完成人生的蜕变。

有些人总是喜欢抱怨,认为自己所有的不幸都源于家境的贫寒,其实,真正的知识是多方面的,书本的知识只是一部分,更多的知识来源于生活,来源于不同的人。

有一位青年,从小没有多少读书的机会,他认为正是这个原因,才让现在的自己无所成就。于是他每天活在抱怨当中。有一次,他遇到了一位老人,并向他讲述了自己的境遇。他以为老人会同情他,结果老人问他:"我是一个平凡的老人,我所知道的你都懂吗?"这名青年感到奇怪,于是向老人请教,老人把自己所知道的事情全告诉了他,青年喜笑颜开,要拜老人为师,老人却笑着对他说:"我知道的,现在你也知道了,如果你将每个人身上的知识都学会,你不比从一个名师那里学到的东西更多吗?"青年恍然大悟,原来自己所想的是错误的。从那以后,青年经常向身边的人,甚至过路人请教,果然大有进展,终于有所成就。

其实,这个故事可以归结为一句话,即孔子的"三人行,必有我师焉。择其善者而从之,其不善者而改之"。只是现在的人,为了所谓的面子问题,总是自视甚高,结果看见的全是他人的缺点,却看不见他人的优点。一叶障目的结果就是多少人同行,却无一人成我师。这对学习是不利的。

当然,勤奋学习是对一个人性格的磨炼,在学习中可以完善自我,塑造自我。古人将学习比作"书耕",把写作比作"笔耕",这样的比喻足以说明学习是一件辛苦的事情,不付出艰辛的努力,是不会有丰硕收获的。同时,学习更需要孜孜不倦。"学海无涯苦作舟"正是其真实的写照。

莎士比亚曾说过:"书籍是全世界的营养品。生活里没有书籍，就好像没有阳光；智慧里没有书籍，就好像鸟儿没有翅膀。"只有勤奋学习，我们才能完成自己的梦想，让自己的生活变得更加幸福。

在诸多家风当中，勤奋学习的家风是现代人特别注重传承的，这与社会的竞争和压力有关。如果哪一天我们的学习是更主动，更加勤奋和快乐的，我们就能够享受书中自有颜如玉的人生了。

第十二章 文明乡风

第一节 人际礼仪民俗

中国素有"礼仪之邦"之称,中国人际礼仪民俗是华夏精神文明的重要体现,是我国最宝贵的精神遗产,需要发扬光大。

一、汉族人际礼仪民俗

汉族人际礼仪民俗由于历史久远,已分化为古代和现代两部分。

(一) 古代汉族人际礼仪民俗

1. 举止性礼节

(1) 站立礼。站立礼包括拱手礼、作揖礼、长揖礼、打躬礼等几种,这几种礼节都有一个主要动作,即一手半握另一手,拢在一起呈抱拳状(一般是左手拢右手),然后再加上手臂、头、上身的动作而形成上述不同礼节。

拱手礼最简单,双腿站直,两手抱拳稍拱,所表达的礼意也最轻,路遇不相识之人而问路,直接询问不礼貌,因而拱手示敬,然后发问。因为不相识,估计对方的身份地位与自己不相上下,所以只是行这种拱手礼略表敬意与客气也就可以了。街头卖艺之人以及习武之人比试之前,也有拱手行礼的习俗,然后才开始表演或比试。这也可以称为"先礼后兵"吧。古代行礼讲究双方之间的等级身份，卑者行较重之礼，尊者答礼略表回敬，也常行这种简单的拱手礼。例如，明朝洪武年间规定，各衙门下属官员平日参见上司长官，行作揖礼，上司"拱手还礼"（《明史·礼志·品官相见礼》）。尊者如果向卑者先行礼致意，一般也是拱手礼。

作揖礼是两手抱掌前推，同时低头，上身略微向前屈，因为是拱手礼又加上用双手向受礼者举而向下的动作，且向对方低头弯腰，所以比拱手礼重。地位相当的人互相拜访，见面行礼庄重一些，多行作揖礼。进门或落座时，主人与客人互相客气一番，也都作揖互相谦让，这些礼节即所谓的"揖让"。作揖礼虽然比拱手礼重，但与其他礼节相比，还是较轻的一种礼节，同时也是人们日常交往中使用最频繁的礼节。除了以上所说的情况外，还有以下场合也常行作揖礼：宴会上主宾之间的落座、敬酒；向人致谢、祝贺、道歉及托人办事等；身份低者向身份高者行较重的礼，身份高者还礼也可行作揖礼。

长揖礼是拱手高举并做一个自上而下的动作，上身也随着稍微弯曲，再加上类似于现在的鞠躬动作。长揖礼较一般的作揖礼庄重，但较跪拜礼轻。尤其是它不需要屈膝下跪，所以有些官员不肯向权贵卑躬屈膝，但又不得不向其表示一定的敬意，常常不下跪而做长揖礼，以表示不卑不亢的态度。长揖礼在清代还是师生之间的礼节。清代的皇子身份高贵，王公大臣见皇子都要行跪拜礼，而作为皇子的老师如行这种礼会有悖师道尊严，皇子若要向老师下跪，老师又不敢接受，于是便实行长揖拜师礼。

打躬礼是深深地弯下腰而作揖，与长揖一样，都属于揖礼中的重礼。二者的区别在于长揖虽躬身但弯曲度小，它着重于揖时臂的动作，手臂由上而下幅度越大，表示对对方越充满敬意；而打躬礼侧重于上身弯曲的深度，主要是以深躬表示敬意。

另外，站立礼中还有鞠躬礼和叉平礼等。叉平礼是唐宋时的礼节，双手交叉放在胸前而示敬，尤其是回话时常加这种动作，它是男女老幼都适用的一种礼节。

（2）跪拜礼。跪拜礼的基本动作是膝部必须着地，即跪下，而拜又必须两手着地。跪拜礼在跪的基础上再施以腰、手、头的不同动作而表示轻重不同的礼节。跪拜礼由于人们坐具与坐俗的变化而有一个变化的过程。

上古时期没有凳、椅等坐具，人们"席地而坐"，比较规矩的坐姿是双膝着地，臀部靠在脚跟上，这实际上是跪的姿势，古代人称作"跽"。当对方表示尊敬时，臀部离开脚后跟，上身挺直即形成一种礼节，叫"长跽"或称"长跪"。席地而坐时行这种礼是很方便的，只是略表敬意。跽坐时，如果挺身后再弯下腰去，加上手和头的动作，则比长跪礼加重了，这其中又分为三种：一是空首，即跪坐时俯身而拱手至地，引头至手而头不触地，它是君王对臣下施回敬礼时用的一种礼节；二是顿首，头触地马上抬起，它是地位相当的人互敬的一种礼仪；三是稽首，头触地表示对受礼者的尊敬，它是表示尊敬程度最深的礼节。

跪拜礼在古代，也不完全是跪坐的时候施行，刚进堂室之人向室内席地而坐之人是站而下跪，在室外行礼跪拜也是这样。此外，席地而坐时，还有所谓"避席"而拜，这种原本坐着，站立后而行的跪拜礼比在原地行礼更显庄重。

唐宋以后，椅子等坐具被普遍使用，人们席地而坐的习惯消失，跪拜因此变为全是站再下跪，长跪礼也因此消失。此后人们交往相见时能行的跪拜礼，只有顿首和稽首，其礼的轻重，主要是以叩拜的次数来区别，比如三跪九叩，是完成三次由站立而下跪的动作，每次下跪要叩首三次。

（3）女子行礼。古代女子行礼与男子不同，不像男子那样下跪行跪拜礼，女子行跪拜礼多属特殊场合，主要有以下几种情况：一是向父母、公婆及皇帝、皇后等行礼；二是拜神及丧祭时；三是女仆向主人行礼；四是公堂之上。女子在一般场合的礼节是"拜万福"，即稍做鞠躬虚坐之状，两手合拢按下，口中常常说着"万福"。

（4）坐姿礼节。古人对坐姿比较讲究，席地而坐时，坐姿大致有3种：一是"趺"，即盘腿而坐，如同佛教修禅者的姿势，又称"跏趺坐"。二是前文提到的"跽"，即跪坐，臀部靠脚后跟，这是礼貌庄重的姿势。"正襟危坐"就是在这种坐姿的情况下进一步完善，腰身挺直、穿戴整齐的表现。三是"箕踞"，即两腿前伸而坐，身形似簸箕。这是比较随便的坐姿，在正式场合则显得不礼貌。古人对席子的摆设及入席等方面也有很多讲究，如席不正不坐，就是说席的摆放要与室内的四边平行而不斜，否则就不该坐。入席时不要从席的上首即前面踏席而过，应该提着衣裳走向下角再进入自己的座位。古代一席一般坐4人，如果有5人，应该让长者另坐一席。席中的位置是尊者的，卑者即使独坐也不能坐席中。与尊者坐在一起时应靠近尊者，以便服侍请教。另外，还有一些父子不同席，或出嫁女子回娘家后不与其兄弟同席的规矩。

（5）穿戴仪容与礼节。冠戴：古人成年举行冠礼，把头发束起扎于头顶，并戴冠插笄固定。参加正式场合的活动一定要戴冠，否则头发披散、容貌不整是非常不礼貌且不尊重对方又很失身份的事。

衣着：古人穿衣讲究不露形体，无论短衣还是长衣，只要露皮肤便在禁止之列，违反这种规制便是不敬，而不穿衣服就是对对方莫大的侮辱了。

鞋：在凳椅未被使用之前，人们席地而坐时，脱下鞋子是对对方表示尊敬，而如果连袜子也脱了，则是最尊敬的礼节了。唐宋以后，人们不再席地而坐，也不用怕穿鞋跪坐会弄脏衣服，变成以穿戴整齐为礼貌庄重的表现了。

（6）谢罪之礼。古人谢罪除用一般礼仪表示歉意外，还有免冠、徒跣、肉袒、负荆等形式。免冠，即摘掉头冠；徒跣，即赤脚前去；肉袒，即去衣露体；负荆，即背负荆条，请求对方答责。因为在古代，穿戴整齐是自尊的表现。

2. 称谓礼俗

（1）名字称谓。古人取名都不止一个，主要有乳名、名、字、号等几种。中国古代名字称谓见表12-1。

表12-1 中国古代名字称谓表

名字称谓	来历	适用场合	备注
乳名	由家长所取用于孩提时称呼的	只能由父母或较老的亲戚称呼	其他人称呼乳名不仅是失礼的表现，甚至被视为一种侮辱
名（学名、大名）	到了入学年龄后，由家长或老师另取的一个名字	由老师或同学称呼	
字	人到成年行冠礼时取的，是成人的标志，名和字都是终生的称呼	尊者称卑者，或同辈交情好者，或自称时才称字	称字为尊
号	自己为自己取的叫"自号"；大臣给皇帝、皇后、皇太后生前的赞美叫尊号或徽号；给已死者的叫"谥号"，是对其一生的评价；用家乡地名做名字也称为号	多为文人表达自己的志趣、性格等，如贺知章号"四明狂客"	

(2) 名称避讳。避讳分国讳和私讳。国讳又称官讳,是举国人都应避讳的名称,主要是指皇帝及皇帝祖父、皇太子等人的名字。避国讳最常用的方法是改字去字。如汉武帝叫刘彻,登基后他的大臣蒯彻被改名为蒯通。又如,唐人修史,遇前人名萧渊明,犯高祖李渊的名,遂称他为萧明;而如果名中只有一字又犯忌讳者,多避其名而称其字,如褚渊称猪彦回,石虎称石季龙。避国讳还有以下几种方式:缺笔,字的最后一笔或倒数第二笔不写;空字,把犯讳的字空而不写,如王世充写成"王充";覆盖,把犯忌讳的字用黄纸盖上。私讳主要是指家讳,即某家族对尊长之名字的避讳,避私讳也常用改字或替字等方式。例如,宋代有一个叫田登的地方官,因"灯"与"登"同音,下属官员在张贴元宵节的告示时为避他的讳,写成本州依例放"火"三日,从而留下了"只许州官放火,不许百姓点灯"的笑话。

(3) 指称称谓礼俗。人们在相遇、往来及交际中,相当多的时候不是以名号相称,而是使用诸如吾(我)、君(您)及仁兄、贤弟、尊夫人、大人等指称性称呼。古代汉语中,这类称呼多得惊人。

自谦称谓即卑己、谦己,通过降低自己而间接地表示礼敬对方。自谦称谓大多带有卑、下、小、鄙、贱等字,如卑人、下鄙、小人(我)等。尊称对方则是向对方直接表达敬意,多有子、公、君、卿等字,类似现在的"您",对有知识、有才能者多以"先生"相称。对年龄不同的人尊称也不同,称同辈的人为"兄台",称年龄大者为"老人家"或"老丈"。

(4) 与双方相关之人、物方面的称谓礼俗。这与指称称谓礼俗有很多相似之处。在提到与自己有关的人、物时,要以自谦的方式表达(除尊长外),如称妻子为"贱内",称儿子为"小犬",称自己的身体为贱体。而对对方的人、物作表达时要直接表示敬意，如称对方的父亲为"令尊"，称对方的家为"贵府"，称对方的妻子为"令夫人"。在交谈中也要注意，如问对方姓名、年龄时，要用"尊姓大名"或"贵庚"；而提到自己时，则是"贱名""贱字""痴长""贱寿"等。总之，基本原则是抑己尊人。

（5）官场称谓礼俗。我国古代官员多以文人出身居多，他们比较注重修养，同时为了显示其身份高于常人，所以官员间的称呼用语比较讲究。但这只是在少数特权阶层自我膨胀或逢迎拍马时用得多，这里就简单介绍一下。以清代为例，文官最高品级为大学士，别称有相国、中堂；尚书的别称有冢宰、太宰、大司徒、大司马、大司冠等；侍郎称小宰、少司马、少司徒、少司冠等；地方官按品级有制台、制军、中函、抚台、道台、州牧、刺使、明廷、大全等；武官则有军门、提台、总镇、镇台、协台等。除去每个具体官员的特指别称，低级官吏对知府以上官员尊称为宪台。

(二) 现代汉族人际礼仪民俗

1. 举止性礼节

（1）握手。握手多用于见面致意和问候，也是友人相见或辞别时的礼节，还是一种祝贺、感谢或为达成亲善友好的表示。现代交际中仍以此为基本礼节。

中国的握手礼从西方舶来时间并不长。19世纪，中国学者辜鸿铭在英国曾这样评价中西方礼节："你们见面拉人家手多别扭！我们中国人见面拉自己手多斯文！"说的就是"握手"与"作揖"。可见，中国人使用握手礼不过一个世纪，别看它在中国的历史很短，却有诸多讲究。

握手的姿势或体态。握手时要面带微笑，身体前倾，有时向对方点点头表示敬意；或用力摇几下，以表热情。但用力要适当，握痛对方或握不住对方的手都会被视为失礼。在不同的场合，握手有不同的要求。如果客人来访，要主动伸手行握手礼；如果在做客，应等主人伸出手后，再马上伸手相握，这同时也延伸到外交场合。

握手礼中讲究最多的是视握手对象而运用相宜的艺术。与妇女握手一般应等对方先伸出手来，男子只需轻轻一握即可。如果对方不愿意握手，可微微欠身鞠一躬，或用点头等代替握手。在握手之前，男子必须脱下手套，而女子可以戴着手套，按国际惯例，身穿军服的男军人可以戴着手套与妇女握手。握手礼最难掌握的是时间和力度，这同时间、地点和对象的差异相关。例如，久别重逢的战友之间可以握得长一些；与老人、贵宾握手应等对方先伸手，再快步上前双手握住对方的手；与活泼开放的女大学生握手则不妨握得紧一些。若干人在一起，握手的顺序是：先贵客、老人，后同事、晚辈，先女后男。同时应该注意，握手时目光应注视对方的眼睛，目光闪烁不定是不礼貌的表现。

（2）鞠躬。鞠躬也是现代中国流行甚广的交际礼节，先秦时已有。鞠躬包括两种程度稍微有异的礼节：一是表示恭敬的样子，上身微前倾；二是身体向前弯曲，弯曲得越深，礼越重。演员谢幕、讲演完毕、学生对老师、举行婚礼中的新娘新郎之间都用程度较深的鞠躬礼表达对对方的尊敬、感谢等感情。

（3）磕头。磕头是从旧时的跪拜礼沿袭下来的。伏身跪下，两手扶地，以头近地或着地。以头近地有声者称为"响头"，逢年过节时，家中小辈向长辈拜年、请安多用此礼；而用得最多的地方是寺庙、道观之中。不过，磕头礼现在已经很少用。

（4）碰杯。碰杯是现今宴会时的常礼，源于古罗马时的奴隶角斗，角斗之前双方要先喝一杯酒，为了防止有人在酒中下毒，双方各自把杯中的酒倒给对方一点掺和一下，表示酒里没毒。这种习俗流传下来，就演变成了今天宴席上的碰杯，借此表示坦诚及敬意。现在碰杯在中国各地区所表现的形式也有所不同。有些地方碰杯的双方，年长者的杯要略高一点，杯低的一方表示对对方的尊敬。有的甚至在碗中套杯，杯中套盅，碰杯时不光是双方的碗相碰，发出响声，自己的盅、杯、碗也要晃动着发出响声才显得双方情谊深厚，谓之"三环套月"。凡此种种，不一而定。

（5）吻礼。关于吻礼的产生说法很多。有一种说法为多数人认可，即小孩长大后，

在追小孩玩时，常常以嘴巴接触小孩的脸或其他皮肉柔软的敏感部位而使小孩产生愉快的感觉，这种原始母爱后来逐步演变为接吻。我国吻礼主要应用于婚恋、夫妻，而且多无他人在旁的环境，以室内为主。父母长辈对年幼者的吻不受此限。不过近年来，吻礼也稍稍扩散到婚恋、夫妻之外。晚会中，明星们常常遭到献吻者的围攻，而一些开放的女士也常以抛"飞吻"来获得交际的筹码。

（6）拥抱。从动作上看，拥抱是张开双臂，以毫不设防的方式表示对对方的坦诚和无私。汉民族作为一个非常内敛的民族，异性间的拥抱与接吻一样，主要用于恋人、夫妻之间，以及表示父母对儿女的爱等方面。研究表明，对人类来说，拥抱是传递感情的一种举动。夫妻间的拥抱是爱的表示，婴儿一出生就接受拥抱是本能的纯洁反映，而同性之间的拥抱则是友谊的表达。拥抱作为表现情感程度比较深的礼节，只要不把对方弄痛弄伤，而又能恰如其分地表达出双方的心情，动作上的些许夸张是不过分的。

（7）拱手礼。在人的习惯动作中，最能表现心理状态的

莫过于手的动作。熟悉的人、客人，见面时或告别时常有拱手礼。有时一个人对另一个人是喜爱还是讨厌，是尊敬还是鄙视，通过手礼的信息传达，有时比语言更直接、更准确。有时在婚恋交际中，女孩的手臂自然地从胸前放下来，表示对对方有好感。

（8）眼礼。一种是视线礼。与人交谈，目光高度要恰到好处。心理学家告诉我们，被斜视的人是不会说出心里话的。因此，应该把自己的目光与对方的目光放在同一水平线上，注视对方的眼睛，但是也不要死盯着对方，长时间的凝视会造成紧张气氛，而过于炽热的目光常被认为是动机不纯。同陌生人相见，情况就不一样了，斜视会给人留下好印象，俯视给人的印象不太好，而直视被认为是不礼貌的。一般来说，交际中的视线礼应注意以下几点：一旦被人注视，不要将视线移开，只有自卑方才这样做；无法将视线集中在对方身上是不大好的交际行为，性格内向才如此；对异性只看一眼就把目光移开是爱的礼节，仰视是对对方怀尊敬或信任之感，俯视则是拒人于千里之外的不礼貌行为。另外，人们看人时视线的先后也有规律。

男人看女人时，一脸，二发型，三胸部，四服装，五腿，六腰部，七臀部，八拎包、手套等小饰物，九鞋子，十背部。

女人看男人：一脸，二发型，三上衣，四领带，五衬衫，六鞋子，七腹部，八皮带，九手表，十前半身。男人较注意女人的体形，而女人较注意男人的衣饰，因此女人更善于运用视线。

另一种是瞳礼。眼睛能否发亮也是一种社交眼礼。这与瞳孔有关，成语"眉来眼去""暗送秋波""含情脉脉"等都是形容这种眼礼的。实验证明，女人在运用瞳礼方面比男人出色。瑞士心理学家曾说：如果一个人心情愉快或遇到喜欢的人，瞳孔就会放大，反之瞳孔就会缩小。眼睛作为心灵之窗，能为交际双方传递很多信息，因此在交际场合，最好不要带太阳镜，生病者除外。

（9）微笑。微笑是一种交际应变的身势情态语，它在交际中被普遍使用。大多数时候，微笑表达的是尊敬、友爱、关怀、认同、欢迎、祝贺之类的意思，而对方会从微笑中感到亲情、爱情、友情、师生情等各种各样的情谊。微笑是沟通心灵的桥梁，也是交际场所常用的礼节，它最大的特点在于同上面所述的任何一种礼节共同使用，如果双方都报着善意而交往的话，未必会使效果更好，但一定不会使效果更差。

2. 言语礼仪

（1）称谓。它包括敬称和谦称。其中部分是从旧时的称谓礼俗中演化继承而来的。

人称敬称。多用"您""您老人家""君""你们"等，旧时的令尊、令兄、贤弟等称谓也常用于今天。

亲属称谓。这种称谓如"王大爷""李大姐"等，在某些正式场合或较为严肃的情况下，使用时要有所选择。同时，随着人们观念的改变，有些时候并不是把对方视为长辈就表示尊敬，把对方称为长者还可能引起对方的不愉快。

职业职务称谓。这种称谓如"老师""××大夫""××经理"等。这些以职业作为称谓的敬称是比较安全的。但是也要事先了解情况，当对方的职业职务发生改变时，要适时调整称谓。

通称。一般常用的称男子为"先生"；称已婚女子为"太太"，称未婚女子为"小姐"，拿不准其是否结婚时称"女士"。另外，不分性别的称呼有"同志""同学"友"等。

姓名称谓。这种称谓如"老李""小王"等，是我国特有的称谓方式。它具体有这样几种形式："老+姓"用在非正式场合，称比较熟悉的长辈；"姓+老"表示对干部、知识分子老年男性的尊称；"小+姓"是非正式场合年长者对年轻者表示亲切的称谓；"小+名"是年长者或同辈关系亲密者的称谓，感觉很亲切。

谦称。现今社会科技发展，社会进步，人们越来越自尊自强，行为也更直接，表达敬意时也多采用直接方式。古时人们用来表敬的自谦在今天的日常生活中已不常见了。而在一些特殊的场合要用到谦称时，只要记住抑贬自己或与自己有关的人或物就可以了，如"贱体""愚意"等仍可以拿来用。

（2）问候语。走在路上或在公共场所，遇见相识的人，应该主动打招呼，问候致意，可以说"您早""您好""晚上好"。别人向你打招呼，你要应答致意，否则会被认为是不礼貌的。有时也可面带微笑，注视对方并点头致意，这也是一种向人问候的好方法。遇到比较熟悉的朋友，除了问候致意外，还可以问问对方家人的情况，并请他代为问候，如"伯父伯母近来好吗""向你的夫人（先生）问好""你孩子一定很聪明可爱吧，有空带他到我家来玩玩"。

除了上述内容，言语礼仪方面还应注意日常语言交际中的一些小环节。例如，让对方一个人侃侃而谈而自己不做声是不礼貌的，应该不时发出"是吗"或"啊"的声音，作为对对方谈话的回应；又或者多人在场时，仅与某一特定对象谈其他人不懂或无法加入的话题也是不礼貌的，当然这里指的都是一般情况。大千世界，瞬息万变，具体情况还要具体对待，重要的是把对礼貌、礼节的重视形成习惯，这样就能适应各种情况了。

3. 交际媒介物

现代社会作为交际媒介物的东西很多，这里不能一一介绍，只能选几个有代表性的交际媒介物进行讲解。

(1) 酒。酒作为中华民族的一项古老的文化载体被我们继承下来，并广泛应用于社交场合。酒的名目繁多，如洗尘酒、饯行酒、交杯酒、祝寿酒、满月酒、女红酒、剃头酒等。对于我们这个民族来说，几乎做什么事情都可以跟酒联系起来，因此在交际中，关于酒的礼节也特别多，除了上面提到的碰杯酒之外，下面再介绍几种。例如，对方为自己斟酒时，自己要以拇指、食指、中指三指捏在一起，轻叩桌面表示对对方的感谢，这叫"叩指礼"；民间酒桌上还有"七分茶、八分酒"的说法，即茶不要倒太满，因为它有送客之意，而酒只斟八分，是让有十分酒量的人只饮八成以避免伤身和出洋相；北方人斟酒则习惯倒满且溢出一些，谓之"热情洋溢"，表示感情深厚，干杯者在喝完一杯之后要把杯子倒过来，如果滴下一滴酒就要再罚一杯等。另外，在喝酒时普遍的礼节是"行酒令"和"划拳"。

(2) 茶。茶和酒一样，都是祖先留下的文化遗产的一部分，也有很多的礼节，像大家都知道的端茶送客。除了送客之外，茶还表示亲善友好的意思。比如福建、广东一带，用功夫茶待客，让客人体会到的除了浓浓的书卷气之外，还有主人的情谊。又如四川的盖碗茶，茶具由茶盖、茶碗、茶把三件套组成，把喝茶和待客的礼节发展到无懈可击的地步，即科学又卫生，主客都自得其乐。

(3) 其他交际媒介物。其他交际媒介物还有花和烟等，按被使用的数量来说，花比茶更普遍，表示爱情、友谊、健康的花在年轻人口中如数家珍，而特定的花语如一心一意、富贵满堂等更是大家熟知的，这里就不赘言了。

二、中国少数民族人际礼仪民俗

中国的少数民族都有自己独特的人际礼仪民俗，这是中国人际礼仪民俗的重要组成部分。

(一) 东北少数民族人际礼仪民俗

1. 满族人际礼仪民俗

清代满族的礼节繁杂，主要有请安、打千（妇女为蹲安）、靠肩礼和顶头等。晚辈每天早晨起床后、晚睡前，要给长辈请安，媳妇还要给长辈装烟。妇女走亲串友或往娘家赴宴，要向公婆请假，回来后要问安。平时在途中或街市上遇长辈或相识者，要问好、打千。如外出时间较长，途遇长辈要行大礼（叩头），平辈人互致寒暄。

满族人待客热情并讲礼仪。如有亲朋好友来家拜访，主人会热情接待，并互致问候、敬烟、敬茶，较富裕的家庭还会拿糕点、瓜果敬客，并挽留吃饭。家庭中闲谈或吃饭要请长辈居上坐，要求媳妇既热情又稳重。满族最隆重的礼节是抱见礼，就是抱腰接面礼。一般亲友见面，不分男女均行此礼，以表示亲昵。

现在，个别地区的老年人之间，仍有行请安、靠肩等礼者，年节、长辈寿辰还要行大礼，以示祝贺。农村有的满族家庭依然奉行媳妇对长辈及小姑之礼，不然会被耻笑为不懂节，而受人非议。

2. 朝鲜族人际礼仪民俗

朝鲜族的晚辈对长辈说话必须用敬语。一日三餐，儿媳要恭恭敬敬地先给老人盛饭上菜，等老人动筷之后，家人方可用餐。老人60大寿时，要举办"花甲"庆寿宴会，非常隆重。长辈外出，晚辈要鞠躬礼送。年轻人与长者同路时，必须走在长者的后面，如有急事非超过不可时，应向长者恭敬地说明原委方可超越。在路上与认识的长者相遇，必须行礼问安并让路。朝鲜族无敲门的习惯，串门时先站在院子里干咳两声，或在门外喊一声"在家吗",等主人闻声出来问询方可对话。

(二) 西北少数民族人际礼仪民俗

1. 蒙古族人际礼仪民俗

蒙古族人热情好客是出名的。只要听到狗叫有客人到来,不论相识与否,主人都会出来迎接,并为客人拉缰扶蹬,请客人下马总是先说"塞百奴"(您好)。随后,主人热情地请客人到蒙古包中入座。通常的礼节是敬奶茶和奶制品、煮"手扒肉",最高的礼节是"献哈达"。献哈达是蒙古族人民的一种传统礼节。哈达是一种礼仪用品,拜佛、祭祀、婚丧、拜年以及对长辈和贵宾表示尊敬等都需要使用哈达。对长辈献哈达时,献者略弯腰向前倾,双手捧过头,将哈达对折起来,折缝向着长者;对平辈献哈达时,献者双手平举送给对方;对小辈献哈达时,献者一般将哈达搭在脖子上。敬鼻烟壶是蒙古族牧民的一种日常见面礼。鼻烟壶用玉石、象牙、水晶、玛瑙、翡翠、琥珀和陶瓷等制成。晚辈同长辈相见时,晚辈应弯身鞠躬,双手捧着鼻烟壶,敬献长辈,长辈用左手接受,闻后归还。同辈相见时用右手相互交换鼻烟壶,双方闻后归还。

吃烤全羊时,最高贵的招待是请客人吃羊头和羊尾。席间要唱祝酒歌、猜谜语等,称"歌拉"礼。客人要离别时举家相送,指明去路,并一再说"巴雅尔台"(再见)。

2. 维吾尔族人际礼仪民俗

维吾尔族人行拥抱礼。吃饭或与人交谈时,最忌讳吐痰、擤鼻涕、挖鼻孔、掏耳朵、剪指甲、挠痒等,否则会被认为是失礼的行为;在屋内炕上坐下时,不能双腿伸直,脚底朝人;接受或奉送礼物、茶饭碗时要双手,单手接受或递送物品被视为缺乏礼貌,家里有客人时不能扫地。

维吾尔族人待客和做客都有讲究。如果来客,要请客人坐在上席,摆上馕、各种糕点、冰糖等,夏天还要摆上一些瓜果,先给客人倒茶水或奶茶,等饭做好后再端上来。如果用抓饭待客,饭前要提一壶水,请客人洗手。吃饭时,客人不可随便拨弄盘中食物,不可随便到锅灶前去,一般不把食物剩在碗中,同时注意不让饭屑落地,如不慎落地,要拾起来放在自己跟前的"饭单"上。共盘吃抓饭时,不将已经抓起的饭粒再放进盘中。饭毕,如有长者领作"都瓦",客人不能东张西望或立起。吃饭时长者坐在上席,全家共席而坐,饭前饭后必须洗手,洗后只能用手帕或布擦干,忌讳顺手甩水,那样是不礼貌的。吃完饭后,由长者领作"都瓦",等主人收拾完食具,客人才能离席。做客时,应听从主人的招待,如实在不想吃东西,也不能完全拒绝,要尝一口,以示尊敬。主人给客人倒茶时,客人应双手捧起碗,不能为了表示客气接过茶壶自己倒。不能穿袒胸露背及过于短小的衣服,反感穿背心、短裤在室外活动和做客。

(三) 西南少数民族人际礼仪民俗

1. 苗族人际礼仪民俗

苗族有很多独特的礼节。"分鸡心"是苗族的交友礼节,即吃饭时把鸡心、鸭心夹给客人,以表示希望与其交友的意愿,因为苗族人认为鸡鸭是待客的佳肴,而"心"又是其中最重要的部分。把鸡心、鸭心夹给客人,寓意为主人代表在座的人甚至整个寨子的人把"心"交给了宴请的客人。这时客人不能把鸡心、鸭心一口吃掉,而应该把这些鸡心、鸭心分给在座之人共享,这样大家就会成为知心朋友。苗族人喝酒时的礼节也与众不同,两个很亲密的朋友常常站起来用左手揪住对方的耳朵,而用右手端酒递给对方,互相喝完之后各自喂一块肉才算完毕,这显示两人感情很好。在美丽的苗乡,还会碰到这样的情况，一对对青年男女聚集在山坳、路旁、村边"对歌""盘歌"，客人路过时就会被拦必须以歌还歌。如主方赢了，客人要认输才能告辞离去；如果客方赢了，主方会主动赔礼送行，同时赢得了友谊与尊敬；如果不分胜负，主方要在款待客方之后，再拉战幕，有时甚至通宵达旦。

2. 回族人际礼仪民俗

回族是诚实憨厚、讲究礼貌的民族。亲友相逢，要互道"色俩目"。家里来客人，要立即沏茶、备饭，一般不能对客人说"你喝茶吗"或"吃饭了没有"。喝茶要喝盖碗茶，要当着客人的面，把盖碗揭开，放入冰糖、核桃仁、红枣、葡萄干、桂圆等滋补品，然后注水加盖，双手捧递。

回族人同桌聚餐时，先洗手，谦让年长者人座上席，要等他动筷子以后，其他人再动筷。吃饭时，不说污言秽语，不贬嫌食物，不在碗里乱吹乱搅。要小口进食。吃烙饼、馍馍、油香时，不能拿在手里大口大口咬着吃，要用手掰着吃；放饼时，注意将面子放在上掰开后而没吃完的，不勉强塞让同席者吃。饮水时，不接连吞咽。不能对着杯盏喘气、饮吮，要慢饮。同客人谈话的时候，不能左顾右盼，不能玩弄自己的胡须与戒指等，不能剔牙齿，不能将手指插入鼻孔中，不可当面吐痰与擤鼻涕，更不能伸懒腰打哈欠。

送客人的时候，不能沉着脸，要和颜悦色，经一再挽留而不止步则送出大门。到人家做客或入座时，不能从人前头过。坐下的时候，以"色俩目"给靠近自己的人问安。拜访亲友时，不要冒昧闯入，惹人讨厌，未给房主道安，不得进入卧室。出远门旅行时，要向父母讨"口唤"（即同意），征得父母允许，不能贸然离开。旅行回来时，要向父母表述沿途见闻，办事情况。这样做，一则请安，二则汇报。

3. 壮族人际礼仪民俗

壮族是我国人口最多的少数民族,有着很好的礼貌传统,尤其是对老人。吃饭时,要把好菜夹给老人,好的凳子让给长辈坐。壮族人在和别人交谈时从不在对方面前用第一人称"我",而是直接提自己的名字,因为他们认为直截了当地讲"我"是不尊重别人的表现。

壮族是一个好客的民族,过去到壮族村寨任何一家做客的客人都被认为是全寨的客人,往往几家轮流请客并给客人以最好的食宿,对客人中的长者和新客尤其热情。用餐时应等最年长的老人入席后才能开饭;长辈未动的菜,晚辈不得先吃;给长辈和客人端茶、盛饭,必须双手捧给,而且不能从客人面前递,也不能从背后递给长辈;先吃完的人要逐个对长辈、客人说"慢吃"再离席;晚辈不能落在全桌人之后吃完饭。

"鸡宴"是壮族同胞隆重的宴客礼节,席间,壮族人还要请贵客讲故事,称为"讲古"。饭饱后要把筷子头朝外而尾朝内,否则会被认为还要添饭。告辞时,主人还会把剩下的鸡肉打"采包",让客人带回家给亲人品尝。宴席中如果喝酒,还会有交臂酒的礼节,俗称"穿杯",即在宴桌上放几个大酒碗,每人面前放的不是酒杯,而是匙羹,整个宴席不能自己给自己舀酒喝,必须互相敬酒,同时说出敬酒的理由,否则对方有权推托不喝。

尊老爱幼是壮族人的传统美德。路遇老人要主动打招呼、让路,在老人面前不跷二郎腿,不说污言秽语,不从老人面前跨来跨去。杀鸡时,鸡头、鸡翅必须敬给老人。路遇老人,男的要称"公公",女的则称"奶奶"或"老太太"。遇客人或负重者,要主动让路,若遇负重的长者同行,要主动帮助并送到分手处。

4. 侗族人际礼仪民俗

侗族人有"路不拾遗"的良好风尚，且人人都热心公益事业。在侗乡的花轿、鼓楼、凉亭里，都备有甘甜的泉水，供行路口渴的客人饮用，这是侗族姑娘必须履行的礼节，否则会嫁不出去。

"有客到我家，不敬清茶敬油茶"，侗族人历来热情好客，每有宾客临门，必定热情接待。在侗乡，最常见的待客之道就是打油茶。侗族吃油茶有俗规，主、客围坐火塘，主妇负责烹调、送茶。第一碗必须端给贵客或长辈。主人说声"请"，客人方可饮用。连喝四碗，是表示对主人的最大尊敬。四碗之后，若不想再喝，就把筷子架在自己的茶碗上，以示饱尝油茶，感谢主人的盛情款待。侗族待客最隆重的礼仪要数合拢宴，侗寨里有了喜事或来了贵客，寨中便会摆起合拢宴。廊桥里的长桌摆了几十米长，近百人坐在长桌的两边。随着侗寨主人一声响亮的号子，大家站了起来，手挽着手围着长桌一边唱一边转，会唱的跟着调子唱，不会唱的在热烈的气氛感染下也放开喉咙喊叫着。转了一会儿，又向回转，转到原来的位子时便停下来。大家互相敬酒，互相祝福。不一会儿，那些侗族小伙子和小姑娘们便三五成群地来到宾客的面前，唱起敬酒歌，大有让客人一醉方休之势。

5. 藏族人际礼仪民俗

藏族礼俗分等级，拜见活佛、大喇嘛要行跪叩礼。礼貌用语分为一般语、敬语、最敬语，最常见的礼仪是献哈达、磕头、鞠躬或敬酒茶。

（1）献哈达。献哈达是对人表示纯洁、诚心、忠诚的意思。自古以来，藏族人认为白色象征纯洁、吉利，所以哈达一般是白色的。当然也有五彩哈达，颜色为蓝、白、黄、绿、红。蓝色表示蓝天，白色表示白云，绿色表示江河水，红色表示空间护法神，黄色象征大地。五彩哈达是献给菩萨和近亲时做彩箭用的，是最隆重的礼物。佛教教义解释五彩哈达是菩萨的服装，所以五彩哈达只在特定的时候用。

（2）磕头。磕头也是藏族人常见的礼节，一般是在朝觐佛像、佛塔和活佛时磕头，也有对长者磕头的。磕头可分磕长头、磕短头和磕响头三种。在大昭寺、布达拉宫及其他有宗教活动的寺庙中，常常可以见到磕长头的人群。磕长头时两手合掌高举过头，自顶、到额、至胸，拱揖三次，再匍匐在地，双手直伸，平放在地上，划地为号；然后，再起又如前所做。过去，有些虔诚的佛教徒，从四川、青海各地磕长头到拉萨朝佛，行程数千里，三步一拜，一磕几年，即使死在路途之中，也觉得尽诚尽意、毫无怨言。大昭寺前的粗石板，也被磕长头的人磨光了。在寺庙里，还有一种磕响头的磕头方法。不论男女老少，先合掌连拱三揖，然后拱腰到佛像脚下，用头轻轻一顶，表示诚心忏悔之意。

（3）鞠躬。过去遇见长官、头人或受尊敬的人，要脱帽弯腰45°，帽子拿在手上低放近地。对于一般人或平辈，鞠躬只表示礼貌，帽子放在胸前，头略低。也有合掌与鞠躬并用的，对尊敬者合掌得过头，弯腰点头；回礼动作也相同。

（4）敬酒茶。逢年过节，到藏族人家里做客，主人应敬酒。请喝青稞酒，是农区的一项习俗。青稞酒是不经蒸馏、近似黄酒的水酒，度数为15°~20°，西藏的男女老少几乎都能喝青稞酒。敬献客人时，客人必须先喝三口再满杯喝干，这是约定俗成的规矩，不然主人就会不高兴，或认为客人不懂礼貌，或认为客人瞧不起他。喝茶则是日常的礼节，客人进屋坐定，主妇或子女必来倒酥油茶，但客人不必自行端喝，得等主人捧到你面前才能接过去喝，这样才算是懂得礼节。

第十二章 文明乡风

6. 景颇族人际礼仪民俗

云南景颇族人待客会"送礼篮",里面装有白水酒和煮水酒各一筒、熟鸡蛋两包、糯米饭团两包。每当婚丧、集会、走亲访友时,主人以礼篮待客,客人则饮酒祝词相谢,并分食糯米团和鸡蛋;告别时,要把自己带去的礼篮回赠给主人,以示"以心换心"。

骑马到景颇族山寨,寨门外便要下马步行。向景颇族人表示友好,切记不能摸他们的头,也不能从后面拍肩膀。摸头这种行为被认为是欺人的行为。

嚼烟丝和饮酒是景颇族人向客人表示友好、尊重与礼貌的方式。客人若不抽烟、喝酒,应十分礼貌地加以谢绝。进入景颇族人家,要在主人指定的位置就座,不得久立不坐,更不能到处乱闯。主人家的卧室是不准外人进入的。客人坐下后不能跷二郎腿,妇女不能托着下巴而坐,因为托下巴坐表示哀悼。屋内不能吹口哨,客人不能坐主人的座位。主人递来的烟酒,客人必须用双手去接。熟人间相互敬酒,不是接过酒来就喝,而是先倒回对方的酒筒里一点再喝,认为这是互相尊重之意。几个人一同到景颇族人家,主人一般不亲自一一敬酒,而是把酒筒交给年纪大点的人。把酒筒交给你了,也把心都交给你了,要你代表他的心意,给大家敬酒。喝酒应用筒盖,不能用酒筒直接喝。大家共喝一杯酒时,先要让老人喝。每个人喝一口后,都要用手指一下自己喝过的地方,然后再传给别人。主人家杀鸡招待客人时,客人不能去夹鸡头、鸡脚吃。按景颇族人习惯,鸡头要用来敬老人或年长者,鸡脚则属于小孩。为了对客人表示尊敬,主人常常把鸡头夹给客人,这时客人应非常有礼貌地把鸡头转奉给在座的老人或年纪最长者。景颇族人喜欢从山上采些阔叶回来当碗碟,在饮食中,叶子千万不能倒着用,否则将被当做仇人而遭怒视。

景颇族人认为谷子是狗从天上带来的,所以忌吃狗肉。在景颇山寨,放枪放炮不能只放三响,因为放三响表示报丧。景颇族男人的长刀、火药枪、挎包和衣物,忌讳妇女触摸或从上面跨过。"目瑙"是景颇族传统盛大的节日,不分民族,不论男女都可以参加,尽情歌舞。但是作为客人,跳舞时不能跑到瑙双(领舞者)前面去跳,一般也忌讳紧跟在瑙双后面跳,而应跟在大队伍后面跳。

7. 傣族人际礼仪民俗

傣族人的礼仪教育由家庭教育、佛寺教育和法律法规三个部分组成。三者相互结合,相得益彰。傣族孩子从懂事时开始,就受到父母的礼仪教育。教育孩子从小做好事,不做坏事,对人要有礼貌,要尊重老人,要帮助有困难的人。孩子们不光接受长辈的教诲,而且从父母身上耳濡目染,受到良好影响,从小就养成了良好的道德行为规范。外地人到了傣家,主人会主动打招呼,端茶倒水,款待饭菜。无论男女老少,对客人总是面带微笑,说话轻声细语,从不大喊大叫,不骂人,不讲脏话。妇女从客人面前走过,要拢裙躬腰轻走;客人在楼下,不从客人所在位置的楼上走过。每户人家都备有几套干净被褥,供待客之用。有的傣族村寨还在大路旁建有专用于接待客人的"萨拉房"。到傣家做客,还会受到主人"泼水"和"拴线"的礼遇。客人到来之时,门口有傣家"小卜哨"用银钵端着浸有花瓣的水,用树枝叶轻轻泼洒到客人身上。走上竹楼入座后,"老咪涛"会给客人手腕上拴线,以祝客人吉祥如意、平安幸福。到过傣族村寨的远方客人都会被傣族人热情友好的接待所感动,从而留下难忘的印象。

第二节 汉族岁时节日民俗

一、汉族岁时民俗

汉族是中华民族的主体部分,其文化水平相对于少数民族来说略高一些,这一点从岁时民俗的影响也可看出(例如大多数民族使用汉族的历法)。因此,从民俗学的角度来研究汉族的岁时民俗就很有必要。

汉族岁时民俗的最初来源与古代天文、历法知识有紧密联系。自古以来,我国民间就传承着仰视天象以观测寒暑季节并为衣食住行做准备的习俗。如农谚所说:"天河朝东西,收拾穿冬衣;天河朝南北,收拾把麦割"。由此可见,季节时序与人们的生产、生活关系极为重大。

人们对天文、历法的认识经过了一个漫长的过程。在殷周时代,历法尚疏,农事活动主要靠观察日月星辰来进行。到了春秋时代,用土圭测日影以定冬、夏至,置闰月以定四时成岁的制度逐渐完善,农事活动有了更可靠的依据。另外,我国古代关于天象的记述,有七政、二十八宿、四象、三垣、十二次、分野之说。而识别天象,根据天象推算时序节令的变化是一种古老的习俗。有些古俗一直延续至今,如根据北斗辨方向、定季节。人们常根据斗柄所指的方向来确定季节:斗柄指东,天下皆春;斗柄指南,天下皆夏;斗柄指西,天下皆秋;斗柄指北,天下皆冬。

随着社会的不断发展、生产水平和人们认知能力的不断提高,历法产生了。有了历法,人们从事各种生产和安排生活就方便多了。历法的产生与人们对天象的观测有直接关系,太阳的升落和月亮的盈亏规律最早被人们作为制定历法的依据。如昼夜交替的周期为一"日"，月相变化的周期为一"月"，以寒暑交往、禾谷成熟为周期，则称为"年"。至今，我国使用的历法（现在通用阴历和阳历）可以说是来源于古代的历法。

由于季节变换和气候变化有一定的规律，为了反映四季、气温、降水（雨雪）、物候变化，我国古代将一年分为四季12个月，并把周岁365日分为立春、雨水、惊蛰、春分等二十四节气，它对于农业生产习俗的形成有着直接的关系，许多农业谚语反映了这方面的内容。

当然，季节、气温、降雨、物候的变化，常因地理环境的不同而不同，不能一概而论。

从以上的叙述中可以看出，我国岁时和岁时民俗的形成和发展经历了十分漫长的历史时期，它实际上是人们生产和生活经验的体现，也是民族文化发展史的重要组成部分。

二、汉族传统节日

（一）春节

春节又称过年，是汉族最隆重的传统节日。从农历正月初一开始，至正月十五结束。古代的春节叫元旦、元日、新年。中华人民共和国成立后，将农历正月初一正式定名为春节。各地民间过年有守岁、吃年夜饭、贴灶公、贴"福"字、贴对联、贴年画、拜年、放鞭炮、看烟火、走亲戚、点蜡烛、包饺子、点旺火、剪纸、赠送贺年片、耍社火、游春等习俗。人们以此来驱邪消灾，祈望五谷丰登、六畜兴旺。

小资料

西湖年俗——"烧头香"

灵隐寺创建于东晋年间，位于西湖灵隐山麓，为中国佛教著名古刹之一。一年四季香火鼎盛,善男信女络绎不绝。凌晨赶早进寺烧香又称为"烧头香",又特别以春节当天早晨的"烧头香"最为人崇奉。

近年来,春节到灵隐寺"烧头香"的人越来越多,为了争做最早的烧香人,大家暗暗较劲,索性在大年三十夜里就赶到庙里去,在那里等天亮,俗称"宿山守岁"。据统计,1990年春节到灵隐寺"烧头香"的人竟达10万人之多。

资料来源:顾希佳. 西湖风俗 [M]. 杭州:杭州出版社,2004.

(二) 元宵节

正月十五元宵节,又称上元节、元夕节、灯节,为汉族传统节日。元宵节起源于汉朝。在这一天活动很多,有吃元宵、打太平鼓、观花灯、耍社火、猜灯谜、踩高跷、小车会、舞狮子、扭秧歌、唱大戏等。节日里,除吃元宵外,各地还有许多不同的饮食习惯,如陕西人吃"元宵菜";河南洛阳、灵宝一带吃枣糕;云南昆明人多吃豆面团等。它寄托着人们祈求新一年圆满顺遂的心愿。

(三) 清明节

清明节是我国历法中的二十四节气之一,节期在公历每年的4月5日前后,是汉族传统节日。古时候,清明这天人们有禁火寒食、上坟扫墓、踏青春游的习俗。凡坟茔都于这天拜扫,剪除荆草,供上祭品,焚化纸钱。如今,在南方一些地区,清明前还把井沟处理得干干净净,并在井边插上杨柳枝。此外,各地还有斗鸡、荡秋千、做假花、放风筝、拔河等活动。

(四) 端午节

农历五月初五,为"端午"或"重五"。在古代,"五"与"午"相通,因此,"端五"亦称为"端午""重午"。因古人在这天有用兰草汤沐浴的习俗，故又称"沐兰节"。唐宋时，此日又叫"天中节""端阳节"。明清时，北京人称其为"五月节""女儿节"。道教称此日为"地腊节"。端午节是我国民间夏季最重要的传统节日。它约始于春秋战国之际，其来源有四种说法，其中在民间流传最广、最有影响力的说法是为纪念屈原于五月初五投身汨罗江。这天，人们会举行各项活动，如吃粽子、躲午、赛龙舟、迎火船、插艾蒿、挂菖蒲、戴香包、挂葫芦、驱五毒、饮雄黄酒、悬钟馗像等习俗。

（五）中秋节

农历八月十五为中秋节。八月为秋季第二个月，故亦称"仲秋节"。又因此日恰值中秋之半，且月色倍明，故又称"秋节""月夕""月节"。在中国人心目中，中秋是一个象征团圆的传统节日。中秋节的起源，与古代秋祀、拜月习俗有关。如今，每当中秋之夜，一轮皓月当空，亮如明镜，圆似玉盘。家家户户设供桌于庭院，上置西瓜、香瓜、葡萄、枣、苹果、石榴等各样时鲜果品，合家团坐，一边赏月，一边分食月饼。人们借助各种象征团圆的节日物品与活动，表达一个共同的心愿：祈愿家人团圆、生活美满。"每逢佳节倍思亲"，这是中国人特有的传统情感。对于炎黄子孙来说，即使远在天涯海角，中秋节的明月也能带去亲人的缕缕相思与祝福。

第三节　中国汉族游艺民俗

以上我们对游艺民俗的概念、类型、特色、来源和价值进行了介绍，下面我们探讨一下汉族的游艺民俗。

一、民间口承文学

民间口承文学是劳动人民的集体口头创作，并在广大人民

第十二章 文明乡风

群众当中流传,主要反映大众的生活和思想感情,表现大众的审美观念和艺术情趣的一种文学。它是文学的一部分,以其主要特点口传性区别于作家文学,这一特点使这种文学天然地具备了表演娱乐性质,也是民间口承文学民俗性格的主要标志。民间口承文学包括民间歌谣、民间故事、民间传说、谚语与谜语、民间小戏和民间曲艺等类型。民间小戏和民间曲艺是带有职业性的民间文艺,我们将另列一节介绍。

(一)民间歌谣

民间歌谣是人民群众口头创作的韵文作品。它包括民歌和民谣两部分,可以唱的一般称为歌,只说不唱的称为谣。汉族民间歌谣蕴藏极其丰富,从《诗经》里的《国风》到陆续形成的各种民歌选集,数量是相当丰富的。歌谣的分类,可从内容、题材上分,也可从形式特色上分。从内容上来看,有劳动歌、政治歌、生活歌、情歌、儿歌、游戏歌、理论歌、长篇故事歌、创世史诗和英雄史诗等;从题材上来看,有田歌、渔歌、牧歌、山歌、樵歌、夯歌、采茶歌、狩猎歌、哭嫁歌、哭丧歌、车水歌等;从形式特色上来看,有山歌、号子、信天游、爬山歌、花儿、小调、风俗歌等。现将汉族民歌的几种主要形式介绍如下。

1. 山歌

山歌是我国南方各省对民歌的统称,是民歌中风格最突出的品种。山歌的名称最早始见于唐代,李益在诗中就有"无奈孤舟夕,山歌闻竹枝"。白居易也有"岂无山歌与村笛"句。明清以来,文人有将山歌收集、整理的专集,冯梦龙辑录的《山歌》收容量大,名动一时。南方山歌的总体特征是风格清婉悠扬、音域较窄,旋律较少跳动,不像北方民歌粗犷雄浑、音域宽、旋律起伏较大。南部有"客家山歌""弥渡山歌""兴国山歌""柳州山歌"等。客家山歌流行于广东东部、福建西部、江西南部及台湾北部的客家人聚居区，用客家方言演唱，可细分为号子山歌、四句八节山歌、快板山歌、叠板山歌、五句板山歌等。

南方各地，多有赛歌的风俗，互相盘古问今以决胜负。盘歌对唱开始时先唱"歌头"。唱了歌头，再进行盘问。盘问内容有对花、对事、对历史人物等，谁回答不出就算输了。通常情况下，每村每寨各推出优秀歌手进行对歌，输了的话全村寨人都会觉得不光彩。山歌对唱时，经常被围得人山人海，盛况空前。山歌的形式异彩纷呈，是丰富的民间旅游文化资源。

2. 号子

号子是中国民歌的一种体裁类别。因与劳动节奏密切结合，故亦称劳动号子。号子的诞生时间早于其他带词的民谣，具体有搬运号子、工程号子、农事号子、伐木号子、渔船号子、作坊号子等。号子音乐风格坚定豪迈，节奏律动强烈，形式有独唱、对唱、一领众和几种，其中后者较多用。号子的歌词内容大多与生产劳动有着直接关系，起着统一劳动步调、激发劳动者的热情、缓解疲劳的作用。号子的演唱形式一般都是一领众和，领者唱歌词，和者唱衬词，其内容大多反映生产劳动。比较著名的有车水、舂米、打场、薅秧号子等。

3. 信天游

信天游（在与内蒙古接壤的地区叫"顺天游"，在神木、府谷一带叫"山曲"）是广泛流行于陕西的北部和宁夏、甘肃的东部的一种民歌，篇幅比较短小，是即兴创作的产物，可以根据不同情景自由吟唱。信天游一般为两句体结构，上下句押韵，不隔句押韵。它以7字句或10字句为基础，上句主比兴或写景状物，下句多主点意，虚实结合，曲调悠扬高亢，粗旷奔放，节奏鲜明，韵律和谐，抒情色彩浓厚，充分体现了陕北人的豪放性格。它两句一段，段与段之间可分可合，也可独立为一首，类似"散曲"。

4. 花儿

花儿，是流行于西北高原上的一种民歌，它以高亢嘹亮、挺拔明快、激越动听等为特色，在中国文化艺术百花园中独树一帜。

花儿的曲调叫"令"，一般以歌唱时所加衬语的不同而有所区别。常见的令有"白牡丹令""河州大令""莲花令""保安令""撒拉令""大眼睛令"等100余种。花儿又分叙事"本子花"和抒情"草花儿"两大类。两大类又有叙述整部故事或完整内容的"整花"和触景生情即兴创作的"散花"之分。花儿分两大系统：其一为洮岷花儿，主要流行于洮河流域；其二为河湟花儿，流行于黄河湟水流域。每年阴历四至六月各地均举办大型"花儿会"，较著名的有甘肃康乐莲花山、岷县二郎山、和政松鸣岩、青海民和峡门、互助五峰山、乐部曲坛寺等。其中，尤以莲花山花儿会和松鸣岩花儿会最负盛名。

5. 小调

小调产生在劳动生活、休息、娱乐、集庆等场合，以日常生活、劳动爱情、风俗习惯、新闻时事、传说故事等为题材。小调分生活小调和座唱小调两类，小调的音乐通俗流畅，结构规整，格式多样，富于变化，多以二句和四句单乐段曲式为结构，伴有四季、五更、十二月花名等形式连缀。有的小调悲切伤感，动人心弦，有的小调旋律柔和优美、细腻缠绵，为了深一步表达感情，曲调中也有不少长结构的典式，如东北民歌《瞧情郎》。小调易唱易记，适应性强，无论是城市山村，还是场院家庭，都是小调传播的场所，都能欣赏到小调。

6. 风俗歌

风俗歌也称为"习俗歌""风习歌"。它是在传统习惯所规定的特定风俗活动中使用，反映风俗活动内容及特征的歌曲，可分为季节性风俗歌和非季节性风俗歌。较有代表性的风俗歌有古歌、酒歌、婚嫁歌和丧歌。

（二）民间故事

民间故事是指神话传说以外的那些富有幻想色彩或现实性较强的口头散文作品，包括幻想故事、生活故事、民间寓言、民间笑话四大类。幻想故事也称为童话，是幻想性较强的故事，这类故事往往充满浪漫色彩。生活故事是现实性比较强的民间故事，它的幻想性较少或完全没有幻想性，因而也称为"写实故事"。民间寓言是民间哲理性的故事，由动物故事发展而来，一般来说，其形体短小、精焊，人物性格十分突出。民间笑话是引人发笑的民间故事，篇幅短小，属口头讽刺幽默小品，强烈的戏剧性是民间笑话的特色，它可分为嘲讽笑话、幽默笑话、诙谐笑话三类。其中，阿凡提笑话是民间笑话的经典作品。

（三）民间传说

民间传说是劳动人民创作的与一定历史人物、历史事件、地方古迹、山川风物、社会习俗有关的故事。它通常与历史上可考的人物、事件和可见的山川风物结合在一起，因而具有历史性和可信性的特点，同时又具有传奇的色彩，所以深受旅游者的喜爱。它分为人物传说、历史事件传说、山川风物传说、地方风情传说、物产传说和技艺传说六类。民间传说是一种特殊的旅游资源，主要"特"在三个方面：一是传奇性，二是神秘性，三是与一定的自然和实物结合在一起。作为一种特殊的旅游资源,由于它的历史性,使得在讲解山水胜迹时,常常同一定的历史、民族、地理、民俗、文艺等方面的知识联系在一起,既可以提高旅游景点的知名度,增加旅游景点的吸引力,获得经济效益,又可通过旅游活动,使游客获得美的感受,拓展知识视野,并可使民间传说本身得到一定的传播,这样,既挖掘整理了民间传说,又达到了发展旅游的目的。

(四) 民间谚语与民间谜语

民间谚语是劳动人民用形象、精练的韵语,直接体现生产和生活经验的口传语言艺术。它是民间文学中最短小精焊的一种形式,具有哲理性、训诫性、形象性、通俗性和音韵和谐的特点。按其内容,谚语分为政治谚语、劳动谚语、道德谚语和科学谚语。

民间谜语是含蓄的咏物性和有迷惑作用的短谣。其主要的特点是:对事物不作直接的描述,而是通过隐喻和暗示去表现,让人根据暗示所提供的根据、线索,经过思考而猜出这个事物,具有文学性、知识性和趣味性。其结构由谜面、谜目、谜底组成。谜面又叫喻体,是谜语提出的问题;谜目就是要猜的范围和格式;谜底又叫本体,是问题的答案。谜语可分为物谜、事谜、字谜三类。猜谜是一种有趣、有益的娱乐活动,它的主要作用在于培养智力、活跃思维、丰富精神生活,并有一定的思想教育和认识作用。在旅游过程中,导游让游客猜一些谜语,既可以活跃游客的思维,又可以调动旅游的气氛。

二、民间歌舞

民间歌舞是指载歌载舞或乐舞的民间游艺活动。民间歌舞的产生与生产实践和宗教祭祀有关,最早的民间舞蹈是原始的劳动舞和仪式舞。在长期的社会发展过程中,民间歌舞艺术得到逐步完善与发展,由实用性的娱神歌舞发展成为今天的自娱性娱人歌舞。今天的民间歌舞有着很强的娱乐作用，表达情感和满足民众审美的需要，成为今天民间歌舞的主要社会功能。从民间歌舞的民俗方式来考察，民间歌舞分为本装歌舞和扮装歌舞。按表演的形式划分，民间歌舞包括民间歌谣、民间乐舞、民乐三种具体表演形式。

民间歌谣一般是指以唱歌和舞蹈两个因素为主的各种舞蹈表演形式，包括载歌载舞、歌舞相间两类。其中，以载歌载舞形式表演的占绝大多数，此类形式在礼俗性歌舞和表演性歌舞中较为常见。在表演性歌舞中，汉族的秧歌、采茶、花鼓、花灯等常在小场表演申穿插民歌小调，并辅以简单舞步。

民间乐舞是指以乐器和舞蹈两个因素为主的舞蹈表演形式，在抒情娱性、表演性舞蹈中较为多见。乐器的使用上以打击乐、吹管乐、弹拨乐较为常见。按乐、舞结合的方式，民间乐舞分为边奏边舞和奏乐伴舞两类。汉族歌舞中，像花香鼓舞、陕北腰鼓舞、晋西花鼓、山东花鼓、单鼓、太平鼓等，皆是挎鼓、背鼓或持鼓而舞，为边奏边舞类型。而秧歌、花鼓戏、花灯的大场舞蹈，常用固定的锣鼓队或吹打乐队在一旁伴奏，为奏乐伴舞类型。

民乐是用各种类型的打击乐器、管乐器、弦乐器的演奏配合而成的表演形式。在各民族民间乐舞活动中，是离不开乐器演奏的。打击乐器可细分为皮击乐器、金属击乐器、木击乐器、玉石击乐器；管乐器可细分为管乐器、簧管乐器；弦乐器可细分为击弦乐器、拨弦乐器、拉弦乐器。另外，还有陶孔乐器、木叶乐器、口笛、口弦类乐器。民间乐舞成员用上述多种乐器，或独奏、或协奏、或合奏，创制了许多为各民族喜爱的传统民间乐曲形式。民乐在更多的场合用于伴唱、伴舞，在民间，歌、舞、乐是三位一体的游艺民俗形式。

汉族的民间歌舞受地域、气候、社会文化环境等诸多因素的影响，形成南北不同的风貌。南方有花鼓、花灯、采茶；北方有秧歌、腰鼓。秧歌歌舞中最常采用的，仍然是歌时不舞，舞时不歌的表演方式，甚至很少与其他民间歌舞和小戏穿插表演。南方民间歌舞往往采用载歌载舞、乐器伴奏的表演形式。

（一）北方汉族歌舞

流传于中国北方汉族地区的民间歌舞种类繁多，其中大都与"秧歌"有关。秧歌专指俗称为"地秧歌"和"高跷"的两类节目。地狭歌又称为"徒步秧歌"，因双脚着地表演而得名。高跷秧歌的表演者双足踩在钉有踏板的木棍上歌舞或跳跃，含有杂技表演性质。秧歌作为我国分布最广的区域性舞蹈，存在众多的地域性类型，其中较著名的山东秧歌、东北秧歌、陕北秧歌与河北秧歌并称为北方地区各领风骚的四大秧歌。

1. 山东秧歌

山东秧歌有鼓子、海阳、胶州三大秧歌，是山东民众刚直、豁达的性格象征。鼓子秧歌，由伞、鼓、棒、花四种角色组成，角色成双，各类角色比撑伞者多一倍。海阳秧歌，分行进中与广场上的两种表演，前者排成两路纵队，队形变化少，对舞前行先慢后快；后者整体的场面变化不多，各单元组可以自成画面。胶州秧歌，有大场、小场之分，大场是在演小戏前的大跑场，小场是演小戏或有情节的歌舞。扮中年人或老生，称"鼓子"，挎鼓表演；扮青年人，称小生、武生，持双棒表演，也称"捧担"；扮类似戏曲中的青衣，称"翠花"，持合着的扇、帕起舞；扮旦角的"扇女"，手持折扇，舞时打开。

2. 东北秧歌

东北气候寒冷，秧歌的动作强劲有力。秧歌艺人多活跃于春节期间，活跃于众多的庙会，平时则组班去近村远镇流动演出。表演时吹响唢呐、敲起大鼓，扮"上装"（女）、"下装"（男）的演员卖力表演，现场气氛热烈。

3. 陕北秧歌

陕北秧歌主要流行于陕北的榆林和延安大部分地区，给人留下深刻印象的是"扭""唱""场图"的艺术效果。陕北秧歌的场图曲直交错，图案精致优美、队形丰富多变，拥有300多个图案，表现内容有民间祭祀、人情风物、古代军事阵图、飞禽走兽、自然景观等。

4. 河北秧歌

河北秧歌流传于河北东部唐山一带。人数少则十几人，多则上百人，走完队形后，即兴组合动作，有双人、三人、四人表演，灵活多变地进行演出。河北秧歌舞蹈动作强调肩、跨、膝、腕四个部位的有机配合。

（二）南方汉族歌舞

南方汉族民众中广泛流行花鼓、花灯、采茶等民间舞蹈，表演班子都由旦（女）、丑（男女都有）、生（男）组成，载歌载舞，曲调优雅。歌词多赞颂江南的秀丽景色、美好的爱情生活或与农业相关的事宜等，与广泛种植水稻的农业生产相关。花鼓、花灯与采茶，名称各异，表演形式也有所不同。

1. 花鼓

花鼓（舞）流行于南方的安徽、浙江、江苏、湖南、湖北等省，有狭义和广义之分。狭义的花鼓舞主要是指以安徽凤阳花鼓为代表的一类民间歌舞，以手持、身背花鼓自击，载歌载舞表演为主要特征。广义的花鼓舞包括主要流行于南方的一些表演性歌舞，往往采用花鼓为主要伴奏乐器，但自不击鼓，由打击乐队伴奏，如安徽的花鼓灯、湖南的地花鼓、江苏的苏南花鼓，以及小型歌舞的综合汇演（如江西的夹湖花鼓）等。

凤阳花鼓常采用一男一女对舞的形式表演，男持小镗锣，女挎小花鼓，边歌边击，相对而舞。音乐是以声乐形式的小调民歌为主，花鼓词有《凤阳花鼓》《王三姐赶集》《十杯酒》《五更调》等，也有的花鼓表演加上锣鼓打击乐或唢呐伴奏。

花鼓灯主要流行于安徽省淮河两岸，以怀远、凤台等县最为盛行。男角统称"鼓架子"，女角统称"兰花"或"包头"，身穿大襟女装，梳大辫，左手执花绢，右手持折扇。每年春节至元宵节灯会期间竞演。

地花鼓盛行于湘中、湘北、湘西等地区。春节至元宵节，地花鼓与龙灯、狮灯及其他民间艺术一起活跃于乡镇。艺人在历代的演出中，总结出规范的演技手法，后来发展为专业的花鼓戏。它是在民间舞的基础上，由歌、舞与情节相结合而独立成戏的。

2. 花灯

花灯主要流行于云南、贵州、四川、湖南、湖北等省的汉族和部分少数民族地区。云南花灯在民俗场合的表演有两种形式：一种是沿用传统汉族秧歌"走街""游行"的方式；另一种是在街头广场、谷场空地等场合，采用"团场歌舞"的方式演出。花灯在表现攀高、过桥时，腰部柔和摆动；表现挑担行路状时，胯部自然地模拟挑担行路时的"崴"，手势有如风摆柳，优美轻盈的风韵，是"崴"动时形成的"S"形，成为云南舞蹈的突出特征。

贵州花灯的表演分为地灯——花灯歌舞和台灯——花灯戏两种基本形式。男女角色均手持折扇、手巾，花灯调与歌舞交替表演，唱时不舞、舞时不唱。

3. 采茶

采茶歌舞流行于我国南方汉族产茶地区，在浙江、江西、安徽、福建、广西、广东、湖南、湖北等著名采茶区普遍流传。它产生发展于我国风格独特、历史悠久，表现为产茶、种茶、制茶、卖茶、饮茶一体化过程的"茶文化"环境之中。采茶舞由演员载歌载舞，4~8名手持工艺精巧茶盘的少女，在优雅委婉的舞曲中踏步出场，表演柔和、纤细、轻快、灵活的采茶动作。歌词描述春光明媚的采茶季节，诗情画意的江南茶园。徐缓而悠然的神态，将观者带入温馨的采茶舞蹈意境之中。

三、民间小戏

民间小戏是指劳动人民口头创作、民间演唱的戏剧艺术。也可叫地方小戏，非指一般的京、川、评、越、昆、梆、闽、粤等剧种。民间小戏是一种综合艺术，它是在民间曲艺和民间歌舞的基础上发展起来的，一般都以歌舞形式出现，带有浓厚的歌舞成分。我国民间小戏种类繁多，大体说来，可归为花灯系统、花鼓系统、采茶系统和秧歌系统。北方地区多为秧歌戏，南方地区多为花鼓戏。此外还有宗教戏剧、傀儡戏、皮影戏等。

（一）灯戏

桂林彩调是最早流行于桂北地区乡镇农村的一种民间戏曲，后扩展到广西各地，俗称调子、彩调、彩灯、哪嗬嗨等，属灯戏系统，源于桂林地区农村歌舞、说唱衍化而成的"对子调"，其形成时间约在明末清初。在发展过程中，彩调吸收了桂剧、花鼓、花灯、采茶等剧种的成分。在彩调的传统表演中，主要的道具离不开扇子、手巾、彩带，俗称彩调"三件宝"。表演时，男角多用矮步健身，手耍花扇；女多用移步、碎步，手耍花巾，载歌载舞，轻松活泼。彩调传统的剧目有《王三打鸟》《孟姜女》《三看亲》《刘三姐》《王婆哭鸡》《盘花》等，从形式上看有独角戏（丑角一人表演，如"双黄蛋"）、对子调（即小调子、小丑、小旦载歌载舞）、大调戏、三小戏、出头戏、对台戏等。彩调行当有生、旦、净、丑之分，脸谱有大花脸、老脸、草脸、小花脸等。彩调音乐分腔（有正腔、花腔两类）、板（即数板）、调（即民间小调）三大类，伴奏乐器有调胡和鼓锣铙等。

(二) 宗教戏剧

属于此类的剧种如地戏和各路傩戏。这类戏曲都是在宗教性节日习俗中产生和发展起来的，有着鲜明的娱神特色。其内容多为宗教故事，它们一般是在宗教性活动中演出，和诸神、还愿、除灾纳吉的宗教仪式密切结合，表演者往往是世袭的，剧目内容也是代代传承，有些剧种至今保持着极为原始的面貌。

桂林傩戏，乡间俗称"跳神"。它源于古代的傩祭，最早从中原传入桂北后，受楚文化的影响，结合本地习俗，到北宋时在桂林形成颇具群众基础的民间艺术形式。傩戏无生、旦、净、丑之分，舞者均戴面具。面具是神的象征，共有36神，每神均有面具，最具特色的是令公面具，共三层重叠，舞者随着情节进展更换面具，以增强艺术效果。桂林傩戏一般由1~3人着彩衣戴面具表演，格调古朴，舞蹈动作来源于生活，诸如犁田、播种、打猎、游山、纺纱、织布等农家生产生活的动作都有，富有生活气息。桂林傩戏演技受彩调影响较大。艺人称唱本为"神书"，唱腔、曲牌为"神歌"。伴奏乐器有笛子、大鼓、腰鼓、拍板，一般5人伴奏；道具有斧头、大刀等；服装有龙袍、花袍、剑裙、女裙等。桂林傩戏没有专业演出队伍，戏班临时组合，多在酬神还愿或进行祭祀活动时演出，有时也做有报酬的纯娱乐演出。20世纪80年代以来，桂林市内一些旅游单位将它作为向中外游客表演的一种娱乐项目。

(三) 傀儡戏

傀儡戏即木偶戏，由演员操作木偶以表演故事的民间小戏。其来源是古代丧葬礼俗的俑人，傀儡表演与丧葬习俗紧密相关。傀儡戏又称道具戏，因操作木偶的方式不同，有杖头木偶、布袋木偶、提线木偶三种形式。杖头木偶形象仅略小于真人，因常到宫廷演出，又称"宫戏"。布袋木偶是把偶头挖空，伸食指支撑，以大拇指、中指操纵衣袖，又称"指头木偶"，多在街头巷尾表演，北方以河北省吴桥县、南方以安徽凤阳县为盛。提线木偶，偶形的头颈、眼珠、臂腕、腰腿各处都能活动，凭线索由棚顶操纵，大多在街坊茶室表演。形式简单而饶有风趣，妇孺爱看。随着戏曲艺术的成熟，各地木偶艺人多采用当地戏曲声腔或京剧声腔表演故事。泉州的提线木偶、漳州的布袋戏、西安的杖头木偶等都以高超的技巧而蜚声海内外。

(四) 皮影戏

皮影戏又称影戏、灯景戏，它是用光照射兽皮或纸做成的人物剪影等以表达故事的戏剧艺术。因源于滦州、乐亭，所以又名滦州戏、乐亭影。它的舞台演出调度，都和人演的戏剧相同，也分生、旦、净、末、丑等角色。皮影戏在我国各地流行，因其影人所用材料和造型种类流布区域不同，而有不同称谓，如山西纸窗影、陕西牛皮娃娃影、湖南影子戏、青海灯影戏、河南驴皮影、广东纸影戏、江浙羊皮影、福建抽皮猴、甘肃兰州影、黑龙江皮影戏、北京蒲团影、河北滦州影等。各个种类的皮影戏都有其独特的雕镂技艺和操纵方法，兼具不同的表演形式和唱腔曲调，流行于广大农村和中小城镇，极受群众欢迎。

四、民间曲艺

民间曲艺又称民间说唱,它是以说唱为主,包含一些表演因素的口头艺术形式。在中国,曲艺是与戏曲同源异流的姊妹艺术。据不完全统计,全国有300多个曲种。曲艺是以说、唱、数为手段,生动、通俗、富有趣味地叙述故事情节、刻画人物性格的艺术。曲艺的演出简便灵活,通常只需一人(主要说唱者)或二三人(二人对说、或伴奏、或帮腔),有站唱、坐唱、走唱或单口、对口、群唱、拆唱等多种表演形式。其特点是故事内容与各地方言相配合,与地方乐调相结合,是提炼了的语言和活泼灵巧、优雅动听的民间音乐(曲调和乐器,包括打击乐器)的完美结合。由此,又形成我国南北曲艺刚健柔媚的不同风格。曲艺是中国旅游文化的重要资源。在中国各地旅游,欣赏地方的曲艺节目会使旅游情趣倍增,并能达到悦耳悦神之功效。现有外国学子学习中国的相声表演,说明了中国曲艺的地位与影响不容忽视。

按表演手段不同,曲种分成说、唱、数、说唱兼有四大门类。

(一)说类

说类主要有评书、评话、相声、滑稽。

评书,又称说书,源于唐代的"俗讲""说话",宋代的"讲史""说经",现流行于北京和北方广大地区。评书多讲长篇故事、小说,往往分回分目,连讲多次。评书故事很注重情节安排,故事完整紧凑。一部长篇评书常常划分几大段落,艺人称其为"柁子"。每个柁子要围绕一个中心事件讲述;一个柁子又分几个梁子,每个梁子必有一个故事高潮;梁子下面又分若干扣子,扣子就是扣人心弦的悬念,这样才能抓住听众心理,加上说书人善于描述渲染,使听者如身临其境,自能收到引人入胜之效。

评话，流行于南方，用各地方言讲述。有的以描述情节见长，生动曲折，引人入胜，叫作"平说"；有的以表现某人物形象见长，被誉为"活关公""活鲁智深"；有的善议才子佳人、缠绵悱恻的爱情故事；有的善讲金戈铁马的战争、武打故事，金鼓马嘶，均借艺人之口表达。

相声，是以说为主的重要曲种。它起源于周秦时的俳优活动、汉代东方朔式的滑稽讽刺语言艺术以及古代的参军戏等。宋以后，一些瓦舍茶楼常有"滑稽含玩讽"的表演，戏曲表演中有插科打诨的对话，这些都给了相声以启示。明清以来，又由被称为"象相"（摹声摹形）的"隔壁戏"和"说笑话"发展起来。由"象相"发展到现代的"说、学、逗、唱"兼备的艺术，这便是相声诞生的大致过程。相声在其发展过程中，广泛从戏曲、独角戏、口技、说书、杂耍乃至街巷叫卖声中汲取营养，丰富了自身的表演手段。它主要的特点是发扬古代"滑稽玩讽"的传统，不断逗人发笑，在幽默诙谐、貌似轻松的笑声中，表达严肃的主题、庄重的内容。相声的表演方式，多为两人对说，主角叫"逗"，配角叫"捧"，一逗一捧，称对口相声；也有单口（颇似独角戏）、群话（三人以上合说）。相声吸引听众的特殊艺术手段叫"包袱"，设包袱、抖包袱之间，不仅要像说书那样扣人心弦，更着重在引人发笑，在逗笑中发挥其讽刺的功能。相声最初流行于北京、天津，现在遍及全国。

滑稽，又称独角戏，流行在上海、杭州和沪宁线一代，约有50年的历史。其主要特点是讽刺性。滑稽里有不少娱乐性、知识性的作品，大多以学各地方言、市声、戏曲、曲艺腔调，以及绕口令的段子为主。

(二) 唱类

以唱为主的曲种最多，有大鼓、渔鼓、坠子、琴书、弹词、牌子曲、莲花落等曲种。

大鼓，主要流行于北方。影响较大的有京韵大鼓、梅花大鼓、西河大鼓、乐亭大鼓等。表演时一人自击鼓、板演唱，以三弦、琵琶、胡琴等伴奏，唱词多是六字、十字韵语，节奏感强，唱腔与当地语言和民间乐调有密切关系。曲目是精彩短篇故事，也有中长篇分回演唱的。京韵大鼓流行于京津一带，已有100多年的历史，是以木板大鼓为基础吸收京戏、梆子及其他唱腔发展而成的，因产生了小彩舞（骆玉笙）这样的演唱家而提高了知名度。

弹词，主要流行在南方。著名的有苏州弹词（与苏州评话合称苏州评弹）、扬州弹词、长沙弹词、四明弹词等。其表演可1~3人，自弹自唱，有说有唱，以唱为主。伴奏乐器有小三弦、琵琶和扬琴。唱词多为七字，唱腔多为上下句反复变化。用当地语言演唱，曲调因地而异。苏州弹词流行于苏南和杭嘉湖地区。唱腔丰富多彩，流派纷呈。在苏州，称评话为大书，弹词为小书，两者合称"苏州评弹"。

道情，是由"说"和"数"发展为"唱"的一个重要曲艺门类，南北各地都有，盛于南方。因用渔鼓、简板等打击乐器击节伴奏，所以通常称"道情通鼓"。开始时是为宣讲道教故事服务的，故名道路、道情；后来讲唱内容为民间故事、神话传说、小说传奇所替代。又因同各地的民间音乐相结合，形成了同源异流的多种道情品种，如湖北渔鼓、湖南渔鼓、江西道情、洪洞道情、神池道情、四川道情（又名竹琴）。有坐唱、站唱、单口、对口等不同的表演形式，除渔鼓、简板外，也有加其他乐器伴奏的。

琴书，以主要伴奏乐器为扬琴而得名，南北方各有自己的品种，知名的有山东琴书、四川扬琴、云南扬琴、北京琴书等。琴书有说有唱，唱为主，说为辅，均用当地方言，曲调也因地而异，有坐唱、站唱等表演方式。

(三) 数类

主要有数来宝、快板、山东快书。

数来宝，在北方广大地区流行，南方也有。原是贫苦艺人走街串巷、在店铺门前演唱索钱的手段；艺人夸赞商店货品的精美、服务的周到，"数"得仿佛可以"来宝"（赚大钱），因而得名。再由此演化出快板书，打竹板的技巧更高，唱词句式多变，增强了描述情景、刻画人物的表现力。在全国影响较大的是山东快书。快板又叫顺口溜，以北京快板最流行，它以叙事、抒情取胜。

(四) 说唱兼有类

说唱兼有的曲艺类型主要有鼓书、评弹等。

五、民间竞技

民间竞技是一种以竞赛体力、技巧、技艺为内容的娱乐活动。争强斗胜是民间竞技的根本特性。"竞"是比赛争逐的意思；"技"则指技能、技艺或技巧。民间竞技有三大类，即赛力竞技、赛技巧竞技和赛技艺竞技。

赛力竞技即以比赛力量为主要内容的竞技活动。作为传统的竞技项目，既有单个的力量竞技，也有团体性对抗竞技。以个体为主的竞技主要有摔跤、投掷、举重、爬竿、投腰、推杆等。集体性竞技有拔河、接力赛、龙舟竞渡等项目。它依靠参赛者同心协力，相互合作，方可取胜。

赛技巧竞技即以比赛技巧为主要内容的娱乐项目，大致可分为单一技巧竞技活动和综合技巧竞技活动两种。它与力量型竞技相比，以巧见长，凭借竞赛者身体的上下肢表演踢、跳、蹬、抽、打、举等多种技巧，变化奇妙，多姿多彩。单一技巧，是指在同一活动里比赛某一种技巧的竞技，传统的项目如风筝、跳绳、跳皮筋、踢毽子、荡秋千等。综合技巧，是指在同一活动中表演多种技巧的竞技活动，主要包括赛马及各种马术比赛。

赛技艺竞技，是以比赛技艺为主的娱乐活动。这类竞技的特点是搏击度较弱，竞技娱乐性强、雅俗共赏。赛技艺竞技以各种民间棋类为代表，主要有围棋、象棋、弹棋、五道棋等。

民间竞技活动以赛力、赛技、赛艺为主要内容的大体如此，但是，还有许多项目介于三者之间，或是三者的复合项目，甚至有许多民间竞技项目还与游戏项目复合，或又与民间歌舞乐结合，构成多姿多彩的综合游艺民俗活动。

第十三章 新乡贤文化

乡贤文化是中国文化研究的独特领域,与地域文化、方志文化、姓氏文化、名人文化、旅游文化等有着密切联系,但又有自己的特殊研究内涵与价值。新世纪,乡贤文化研究在构建和谐社会、传承民族精神、激励年轻一代、实现文化强市(县)等方面,发挥着特殊的作用。

第一节 乡贤文化的概念

"乡贤"一词,文献中出现较迟,明代浙江嘉兴人沈德符在《万历野获编》的《果报》类中记有《戮子》的明代新闻:"嘉靖末年,新郑故都御史高捷,有子不才,屡戒不悛,因手刃之。中丞殁后,其地公举乡贤。"足见乡贤是指乡里有德行有声望的人。与"乡贤"近义的词,在古文献中有:

(1)"乡先生",泛指乡里有声望、有德行的人。宋代欧阳修《章望之字序》:"孝慈友悌,达于一乡,古所谓乡先生者,一乡之望也。"

(2)"乡达",一乡之贤达人士。清代李渔《风筝误·贺岁》:"赖有乡达戚补臣,系先君同盟好友。"

(3)"乡老""乡三老"。最初是基层地方官名,后转义为乡里受人尊重者。周代王置六乡,由三老掌教化,推举贤能,称为乡老。汉代每乡设三老一人,掌教化乡人,后世称乡三老为乡老。

（4）"乡绅"，古称退职还乡家居的官员和在当地有声望的人。

通过以上梳理，可以看出，"乡贤"一词系指在民间基层本土本乡有德行有才能有声望而深为当地民众所尊重的人。因而"乡贤"有地域性的限制，有知名度的因素，有道德观、价值观的考评。地域性、知名度、道德观，这是构成"乡贤"的三个基本要素。

从当代乡贤研究的现实需求与观念出发，"乡贤"的范围已不再局限于道德与才能的层面，而扩展到"名人"尤其是"文化名人"。文化名人有狭义与广义之分。狭义的文化名人是指在文章、文教、文化等方面取得巨大成就，对历史有深远影响或在某一时代名闻遐迩的人；广义的文化名人，包括在所有人文、社会、科技界如政治、经济、军事、文化、科学、教育、文艺、卫生、体育等各个领域取得非凡业绩，具有全局性影响或在本领域占有一席之地的社会各界精英名流。

据上所述，我们可以给"乡贤文化"下这样一个定义：乡贤文化通常是县级基层地区研究本地历代名流时贤的德行贡献，用以弘文励教、建构和谐社会的文化理念与教化策略。

乡贤文化的内涵，"十三五"规划纲要（草案）"解释材料"中这样解释："乡贤文化是中华传统文化在乡村的一种表现形式，具有见贤思齐、崇德向善、诚信友善等特点。借助传统的'乡贤文化'形式，赋予新的时代内涵，以乡情为纽带，以优秀基层干部、道德模范、身边好人的嘉言懿行为示范引领，推进新乡贤文化建设，有利于延续农耕文明、培育新型农民、涵育文明乡风、促进共同富裕，也有利于中华传统文化创造性转化、创新性发展。"由此可见，乡贤文化和社会主义核心价值观乃是一脉相承的，甚至可以说，乡贤文化乃是社会主义核心价值观在乡村落地的具体表达。

第二节 乡贤文化的特征

乡贤文化既与地域文化、方志文化、姓氏文化、名人文化、旅游文化等密切相连,可谓"你中有我,我中有你",但又不同于这些文化类型。乡贤文化是一种跨学科、跨行业、跨文化的综合研究,有其自身的独特研究对象与价值标尺。乡贤文化与以上诸种文化类型的异同关系,在探讨乡贤文化以下四大特征的过程中,加以辩证与区别。

一、地域性

首先,乡贤文化研究的对象,只限于本地区的历史名流与当代时贤,这些名流时贤生于斯长于斯,因而具有本地域的唯一性与占有性,他们的出生地不存在争议。其次,乡贤文化研究的名流时贤,应是在该地区出生,并在该地区长大,以后走出家乡走向五湖四海;或留在家乡,服务贡献桑梓。比如作为上虞乡贤,他们也许会说:"我是喝曹娥江水长大的。"最后,乡贤文化一般不研究外地外籍来到本地并做出贡献的"客居"名流时贤,而地域文化、方志文化研究则不同,"客居"名流时贤同样是地域文化、方志文化记录、研究的对象。因此,如《上虞市志》中,就有不少出生于外省市在虞工作的精英人物介绍。

二、人本性

乡贤文化研究的对象只局限于人,以人为本,以人为中心。围绕本籍名流时贤做文章,而不涉及其他。这显然与地域文化、方志文化、旅游文化不同,后三种文化既要研究本籍名人,同时还要记录、研究社会、经济、山川、地理、景观、民俗、特产、风物、旅游资源等，研究对象与范围要比乡贤文化宽泛得多。

三、亲善性

人文主义或人本主义，向来被认为是中国文化的基本精神。"以人为本"，即以人为考虑一切问题的中心。以儒道两家思想为主干的中国传统文化，是一种以道德修养为旨趣的伦理本位的文化，因而中国的人本主义也可以称之为道德的人本主义。乡贤文化正是道德人本主义的具体贯彻和重要表现。因之乡贤文化十分强调研究对象——乡贤"善"的本性，在关注乡贤业绩贡献的同时，还要考究他们的道德操守、思想品质、爱国爱乡，把乡贤个人价值的实现放在整体关系的良性互动之中，放在一定的伦理政治关系中来考察。他们既是名人，同时必须是好人、善人。因而并非所有"名人"都是乡贤，都是乡贤文化研究的对象。因为"名人"中也有污迹甚至败类，如陷害岳飞的奸相秦桧的家乡江苏江宁就不会把他作为乡贤，又如周作人因在抗战中留有污点也不可能成为绍兴乡贤文化研究的对象。同样，出生于浙江省上虞市章镇胡村的胡兰成，尽管他写的《今生今世》《山河岁月》《中国文学史话》等为一些现代文学研究者叫好，同时又因他曾与著名女作家张爱玲结为夫妇，故而声名颇盛。但由于胡兰成曾在抗战时期的汪伪政权任职，自然不能成为"上虞乡贤"，上虞乡贤研究会也不会把他作为研究对象。亲善性与正面价值是乡贤文化坚守的研究尺度和底线，而地域文化、方志文化、名人文化等则不同，历史名人中有污点的人同样也需客观记录、研究。

四、现实性

乡贤文化研究一方面是"发思古之幽情"，表达对乡贤的崇敬与仰慕，所谓"见贤思齐""恭敬桑梓"。但更重要的是直面现实，为当今社会经济文化发展服务。因为，如果仅仅只是为了发掘、研究当地乡贤名流，地域文化、方志文化等已经在那里做了，而且可能会做得更专业。乡贤文化则是别择一途，不重复地域文化、方志文化等的研究课题，更要在古与今、传统与现实、文化与社会之间架起一座桥梁，使乡贤文化有力而有效地在发展本地社会经济文化的过程中发挥其特殊作用。因之，乡贤文化一方面要研究、传扬历史上的"古贤"，但另一方面则更重视与宣传活跃在当今社会各界的"今贤"，尤其关注那些在中央任职以及在北京、上海、广州等一线城市工作的"今贤"。如果说"古贤"是本地区的文化名片，那么"今贤"则是本地区的文化资源。乡贤文化研究的现实性既是发展本地区的社会经济文化的现实需求，同时也是乡贤文化研究本身得以存在的价值依据。

第三节 乡贤文化的形态

乡贤文化的开发、研究有着多种形态，总的特征是"因地制宜，因人而异"，也即根据本地区乡贤的多少、类型、结构等，选择最优模式，主要有以下3种形态。

一、重量级乡贤模式

以本地区的重量级历史名人研究为中心，形成重量级乡贤的放射效应与多重开发价值。

如河南省鹿邑县太清宫镇（春秋时称苦县厉乡曲仁里）是老子的出生之地，"地古永传曲仁里，天高近接太清宫"。老子在历史上被尊为"百学之王"，春秋时的思想家、哲学家、道家的创始人。老子所著的《道德经》不但是中国哲学的经典，也被奉为中国本土宗教道教的教派经典，因而老子成了道教的教主，鹿邑太清宫也就成了道教祖庭。由于老子姓李（李耳），普天下的李姓都尊老子为李姓开姓始祖，自然鹿邑太清宫也就成了李姓寻根追祖的发祥地。因有这样多重因素，鹿邑县在开发、利用本地乡贤老子的文化资源上做足了文章。鹿邑县有明道宫、太清宫、老子文化广场等名胜古迹，除开展一系列老子学术研讨会、文化旅游活动外，还经常举办世界李姓大会。

重量级乡贤名人的文化效益、经济效益、旅游效益，往往会成为该地区经济文化发展的巨大引擎，政府以名人的名义，举办各种名人节、名人游等活动，用以扩大知名度，打造优质投资环境。2008年9月，笔者曾应邀去关公的出生之地——山西省运城市解州，参加在解州关帝庙举行的"中国运城市第十九届国际关公文化节"。国际关公文化节已成为运城市的文化品牌，也是发展当地经济的巨大无形资产。

二、姓氏望族乡贤模式

以姓氏、望族研究为纽带，开发乡贤文化资源。

国有史、方有志、家有谱。中国人特别重视民族的历史、地方的历史、家族的历史。有关姓氏起源、沿革、迁徙，特别是开姓始祖的发祥之地，最易激起后裔的寻根情结与文化认同。因而姓氏起源地及其始祖，自然成为当地重要的乡贤文化资源。2010年4月，笔者曾以"河南省姓氏祖地与名人里籍研究认定中心"特聘专家的身份，参加在方城举办的"中华曾姓祖根地在河南方城"的认定会议。与会专家从二里头文化与古缯国的关系、夏禹的六代孙曲烈所封之缯是最早的曾国，以及《史记》等古史文献、考古发现与民俗民间寻根活动等多重证据，论证了古代曾国所在地即今河南方城是中华曾姓祖根地,夏禹王六代孙曲烈是曾姓的开姓始祖。方城发掘的这一乡贤文化资源,很快产生效益。香港著名实业家曾宪梓因曾姓祖根地的确认,马上到方城投资兴建"曾姓文化广场"等项目。

一般而言,中华姓氏祖根发祥地大多集中在北方的河南、山西、山东、陕西、河北一带,而宋代以后的姓氏望族,则主要分布在南方,特别是江浙一带与湖南、四川、广东。

著名历史学家陈寅恪认为:"故论学术,只有家学之可言,而学术文化与大族盛门常不可分离。""夫士族之特点既在其门风之优美,不同于凡庶,而优美之门风基于学业之因袭。故士族家世相传之学业乃与当时之政治社会有极重要之影响。"所谓家学渊源正是形成姓氏文化望族的基础。北宋以后,由于中国经济中心南移,文化也相因南盛于北,因而南方出现了不少姓氏文化望族,有的是父子相传,有的是祖孙相继,有的是本家相应,成为当地著名的乡贤名流。如四川乐山有北宋文学家苏洵、苏轼(苏东坡)、苏辙这样著名的"三苏"父子乡贤。现代江南望族名声最大者当数江苏无锡的钱家,钱家拥有钱穆、钱基博、钱锺书三大鸿儒与钱学森、钱三强、钱伟长三大科学家。此外江西修水的陈家、河南唐河的冯家也负有盛名。陈家有陈宝箴、陈三立、陈寅恪祖孙三代鸿儒以及陈衡恪、陈封怀等名士,冯家则以冯友兰、冯沅君、冯宗璞"一门三杰"闻名于世。显然,这些望族名流都已成为当地响当当的乡贤资源。安徽宣城是梅姓的望族之地,当地有"宣城梅花遍地开""从夸荆州人人玉,不及梅家树树花"的说法。梅氏家族鼎盛于宋(出现过大诗人梅尧臣),绵亘于元,再显赫于明末清初。据《宣城县志》统计,梅氏先后有进士29人,举人48人,获取各类科举功名者不下2 000人,传有著述者134人,著作总计380余部。因之宣城梅氏一直是宣城当地的乡贤望族。2009 年，宣城市政府出资 2 亿元，建成梅氏文化主题公园——梅溪公园，并成立了"中华梅氏文化研究会。"

三、群团性乡贤模式

以历朝历代形成的乡贤群体为纽带，形成乡贤文化研究的平台，发挥乡贤群体整体性、连续性的社会文化效益。其条件是：该地产生的乡贤名流多，而且历朝历代英才辈出。

群体性乡贤聚集的状况，在明清以来的江南较为普遍。如福建省福州市的闽侯县，涌现出虎门禁烟的林则徐、近代思想家严复、中华民国国民政府主席林森、现代报业先驱林白水、京汉铁路"二七"大罢工领袖林祥谦、女建筑学家林徽因等，而且大多数出自林姓望族。浙江省的绍兴、宁波地区，江苏省的苏州、无锡地区，也就是吴越文化区域，各县市都是群体性乡贤名流汇聚之地。毛泽东曾有"鉴湖越台名士乡"的赞誉。这在中国地域文化中是十分著名的。

吴越自东晋以来，一改"吴王金戈越王剑"之形象，以蓬勃发展的文化饮誉中华。江南人文渊薮、名人学士层出不穷，从吴越走向全国、走向世界，人文之盛，乡贤之多，远非其他地区所能比拟。诚如明代绍兴状元张元忭在《寄孙越峰论志书事》中所言："绍兴人物本多，与他郡不同……郡志记一乡之贤，苟有一德一艺者，皆可书也"。鲁迅先生说得更明白："于越故称无敌于天下，海岳精液，善生俊异，后先络绎，展其殊才。"（《越铎》出世辞）。因而长三角尤其是吴越地区，向来是乡贤文化研究的重镇。

第四节 培育乡贤文化建设美丽乡村

以培育新乡贤文化为抓手,发挥"新乡贤"在农村社会中的价值引领、道德教化、文化传承、促进发展等作用,着力培育和美家风、醇美乡风、尚美社风,促进社会主义核心价值观在农村落细落小落实,服务美丽乡村建设。

一、注入新内涵,让乡贤文化根植乡土

顺应农村经济社会发展新变化,积极选树新乡贤、培育新典型,发挥其示范带头作用。一是标准突出时代性。召开乡贤文化建设理论研讨会,明确提出新乡贤是"有威望、接地气、能带头、起作用"的草根群体、民间力量。把"遵纪守法、品德良好、为人正派、处事公正、群众公认"20字作为遴选新乡贤的标准。二是对象突出多元化。结合新农村建设"生产发展、生活宽裕、乡风文明、村容整洁、管理民主"目标,评选对象突出多元化,既有发家致富带头人,又有善管理、懂市场的经营能手;既有一心为民、公道正派的老党员、老干部;又有热心公益、扶危济困的热心人、好心人。三是特色突出乡土情。把"群众评"和"评群众"相结合,确立"村推选、镇认定、区统筹"思路,制定"七步评选法",即院坝会初评、村民代表会评议、初评候选人公示、镇街复核、相关部门评议、正式候选人公示、镇街认定等7个步骤,确保评出先进、评出导向、评出乡情。全区共评选出各类"新乡贤"近1 000名。

二、树立新标尺,让乡贤事迹垂范乡里

采取"五个一"方式广泛宣传"新乡贤"的嘉言懿行、

成就贡献,为农民群众树立标杆。一张榜展示形象。区摄影家协会为每位乡贤拍摄一张生动反映其核心事迹和精神的照片,并在每个镇街和各个村(社区)集中设置"乡贤榜",把"新乡贤"亮出来。一句话概括事迹。将每位乡贤事迹用一句话概括,让"新乡贤"事迹易记易懂、便于传扬。如将数十年义务修路的李世学事迹概括为"板桥镇当代愚公"。一块匾明确荣誉。邀请区内书法名家,为乡贤题写家风家训,制成牌匾,悬挂厅堂,激发使命感、荣誉感。一本书荟萃故事。区作家协会牵头编撰《永川乡贤故事汇》,记录乡贤故事400余个,成为农村道德讲堂的生动教材和农村中小学的校本课程。一首歌传递情怀。广发"英雄贴",面向全市征集"新乡贤"主题歌200余首,用歌曲传颂乡贤奉献精神、进取意识、优秀事迹。

三、引领新风尚,让乡贤精神涵养乡风

注重发挥新乡贤在价值取向、生活方式、思想观念上的示范带动作用,引领农村社会新风尚。一是乡贤立村规民约。在村支两委领导下,由本村乡贤牵头,制订村规民约,引导群众自我教育、自我约束、自我管理,全区共讨论制定出200多个群众认可的村规民约。二是乡贤促敦风化俗。针对赌博迷信、大操大办等不良风俗,组织乡贤成立红白理事会,带头协助张罗红白喜事,引导村民节俭养德;成立禁赌劝导协会,编写"戒赌歌"等,教育村民远离赌博。三是乡贤传家风家训。在区内各媒体开设"乡贤谈家风""乡贤传家训"等专栏;依托全区43个家族祠堂,在祭祖时融入诵读家规家训、讲述家族故事、奖掖后辈先进等,发挥家族生活伦理教化功能;编辑《乡贤家训集》,邀请书画家创作以"乡贤家训"为主题的作品800余幅。

四、服务新发展，让乡贤力量造福乡邻

注重发挥新乡贤资源优势、能力优势，把乡贤回报乡里的善意变成真正的善举。一是当好中华美德的传承人。成立"乡贤文化促进会"，让乡贤有效参与并引领农村文化建设。开展"知乡贤、颂乡贤、学乡贤"主题活动，挖掘乡贤事迹、乡贤精神中丰富的思想道德资源。二是当好勤劳致富的带头人。在乡贤中开展"为家添力、为家添智、为家添美、为家添彩"主题活动，帮助乡邻学技术、建场地、筹资金、跑市场，实现"先富带后富、我富带共富"，先后培育出致富增收项目 200 余个。三是当好邻里纠纷的化解人。发挥乡贤威信和影响力，帮助调解家庭矛盾、邻里纠纷。在征地拆迁、土地流转等重大事项中，做好政策解释与沟通协调，维护村民合法利益。带头宣讲法律政策，促进群众学法守法用法。四是当好公益事业的热心人。发挥乡贤资源优势，先后为公益事业共捐款 1.25 亿元，修筑村道 400 多千米，为乡亲办助困、助学、助医等好事实事 3 000 余件，开展志愿服务 2 万余场次。五是当好社情民意的知情人。发挥乡贤人脉优势，通过"拉家常""摆龙门阵"等日常交流，问难点，找焦点，访热点，收集梳理群众所需所急所想，及时向有关部门反映情况，促进下情上达，帮助解决群众合理诉求。

第十四章 美化农村人居环境

第一节 加强农业环境源头治理

一、充分利用农作物秸秆

农作物秸秆的利用途径多样,主要有肥料化、饲料化、能源化、生物转化、碳化、原料化等。这些应用既有较高的经济价值,也有益于生态环保。

中国农业部及国家发展和改革委员会联合发布了题为《关于加快推进农作物秸秆综合利用的意见》的文件,对农作物秸秆的处理进行了规划和规定。这里我们就以这个文件为蓝本谈谈如何利用农作物秸秆。具体办法有以下六种。

(一)秸秆肥料化

将秸秆做肥料的处理办法有很多种,一是采用机械粉碎的办法,将收获后的农作物秸秆刈割或粉碎后,翻埋或覆盖还田。二是将秸秆覆盖留茬还田、就地覆盖或异地覆盖还田。三是快速腐熟还田法,利用微生物菌剂对农作物秸秆进行发酵腐熟后直接还田。四是堆沤还田法,主要是在田间地头挖积肥坑,将农作物秸秆堆成垛,添加适量的家、畜粪尿或污泥等,调整碳氮比和水分,或者添加菌种和酶,使秸秆发酵生成有机肥。五是秸秆生物反应堆法,主要是将农作物秸秆加入一定比例的水和微生物菌种、催化剂等原料,发酵分解产生二氧化碳。

（二）秸秆饲料化

秸秆做饲料主要是指通过利用青贮、微贮、揉搓丝化、压块等处理方式，把秸秆转化为优质饲料。青贮、微贮是指利用贮藏窖等，对秸秆进行密封贮藏，经过一定的物理、化学或生物方法处理制成饲料，饲喂牛、马、羊等大牲畜，并将其粪便还田，即过腹还田。秸秆饲料化具有广阔的推广应用前景。

（三）秸秆能源化

主要包括秸秆沼气（生物气化）、秸秆固化成型燃料、秸秆热解气化、直燃发电和秸秆干馏等方式。秸秆沼气是指以秸秆为主要原料，经微生物发酵作用生产沼气和有机肥料。秸秆固化成型燃料是指在一定温度和压力作用下，将农作物秸秆压缩为棒状、块状或颗粒状等成型燃料。秸秆热解气化是以农作物秸秆、稻壳、木屑、树枝以及农村有机废弃物等为原料，在气化炉中缺氧的情况下进行燃烧，通过控制燃烧过程，使之产生含一氧化碳、氢气、甲烷等可燃气体作为农户的生活用能。秸秆直接燃烧发电技术是指秸秆在锅炉中直接燃烧，释放出来的热量驱动发电机发电。秸秆干馏是指利用限氧自热式热解工艺和热解气体回收工艺，将秸秆转化为生物质炭、燃气、焦油和木醋酸等多种产品。

（四）秸秆生物转化

由于秸秆中含有丰富的碳、氮、矿物质及激素等营养成分，且资源丰富，成本低廉，因此很适合做多种食用菌的培养料。

（五）秸秆炭化

秸秆的炭化是指利用秸秆为原料生产活性炭。

(六) 秸秆原料化

秸秆纤维作为一种天然纤维素纤维，生物降解性好，可以作为工业原料，如包装材料、保温材料、纸浆原料、各类轻质板材的原料，可降解包装缓冲材料、编织用品等，或从中提取淀粉、木糖醇、糖醛等。

下面介绍秸秆综合利用的几个案例。

江苏省镇江市丹徒区是江南闻名的鱼米之乡，拥有耕地54.29万亩，适宜稻麦、棉花、蔬菜生活，区内有大片草山草坡可发展牧水稻秸秆产量约为35.6万吨，可利用秸秆资源为30.3万吨。建有年存栏1 000头牛的规模养殖场，以糖化后的秸秆为奶牛场青粗饲料源。按每头奶牛需青粗饲料量每日20千克来计算，全年消耗秸秆7 300吨。

济南市历城区在北部平原积极推广了以下4项技术：

(1) 秸秆气化。可消耗秸秆6 000吨，使9个村2 000余户村民用上干净卫生的秸秆燃气。

(2) 秸秆气电联供。按全年发电7 200小时计算，可消化秸秆量2 160吨。

(3) 秸秆青贮氨化。通过进行秸秆青贮氨化，全区年消化近556 756亩作物秸秆。

(4) 秸秆机械化还田。既能培肥地力，又可大量消化秸秆。

威海市除将秸秆直接还田外，还采取了堆沤还田、果园覆盖、氨化等方式，用秸秆喂养牲畜，增加土壤有机质。全市农户沼气增加到3万多户。

邹城市、齐河县、定陶县实施秸秆种菇开发工程，每年可种植菇3茬。

济南鲁青种苗研究所拥有多项瓜菜育苗专利，他们将作物秸秆转化为高效环保的蔬菜育苗及无土栽培的基质和生物有机肥。

二、减少农用车对生态环境的危害

在提高生产力的同时,农用车的废气排放、噪音等对环境造成了很大的破坏,该报废的农用车继续使用不仅污染环境,还会带来其他安全隐患。

目前,我国的农用车超过2 000万辆,这些车担负着农业生产、运输的重任,其作用不言而喻。但是,农用车对环境的破坏也非常大。很多农民朋友对此可能不太关心。这里我们就唠唠这个话题。

农用车对环境的污染是多方面的。先来说说肉眼看得见的污染。在运载过程中,由于装载比较随意,加上车子的质量及容量等问题,车上的农作物、化肥、牲畜的粪便、垃圾等很容易撒出来,造成污染。比如2009年3月11日中午,一辆满载鸡粪的农用车在途经湖南长沙—常德高速公路时发生侧翻,车上装载着鸡粪的编织袋撒落一地,散发出一阵阵恶臭,严重影响了过往车辆的行驶安全。高速交警接警后立即赶到现场勘察,发现该车装有近200袋鸡粪,车辆发生侧翻时,车上装载鸡粪的编织袋全部甩出车外,不少袋子破裂脱落,大量鸡粪外泄,严重污染了路面。经过很长时间的清扫、紧急施救,才恢复了道路通行。很多朋友觉得这不算啥,这样的事农村每天都要发生。这么多泼撒事件的合力对环境的污染就非常大。

再来说说噪声。如果你在网上检索,就可以找到许多农村中小学校因为农用车噪声太大、无法正常上课而引发争执的事情。农村学校与农田近在咫尺,而农用车大多又是一些"老爷"车,噪音特别大,在运输和耕种过程中,严重干扰学校上课秩序。

最后再来谈谈农用车的废气排放。农用车以柴油为主,而且同为柴油机，农用运输车的污染物排放量要比载货汽车高出一倍，其中单缸柴油车的污染问题更加严重。调查显示，一辆未加控制的柴油发动机排放的颗粒物是汽油车的 6～10 倍。北京对京郊的农用车曾进行过统计，京郊 20 万辆农用车和拖拉机尾气排放合格率仅为 18%。

国家环保总局与国家经贸委曾联合发出通知，要求各地制定有效措施，努力解决农用运输车尾气排放和噪声污染问题。农用运输车出厂时，尾气与噪声必须达到《农用运输车自由加速烟度限值及测量方法》和《农用运输车噪声限值》这两个国家强制性标准。如果在用农用运输车不能达标，则不得上路行驶。但是实际上没有人会去执行。据估计，全国有近 1 200 万辆农用运输车在环保方面未达到国家强制性标准。按照我国农用运输车的报废标准，三轮农用运输车和装配单缸柴油机的四轮农用运输车使用年限为 6 年；装配多缸柴油机的四轮农用运输车使用年限为 9 年；装配多缸柴油机的四轮农用运输车累计行驶里程为 25 万千米。但是不少农户图便宜，仍在购买或使用超期服役的农用车。由于车辆严重老化，不但高耗能、低效益，而且难操作，极易发生恶性事故，给人民生命财产造成重大损失。

农用车会给农业生产带来很多便利，但是它对环境的破坏也非常大，因而需要遵守国家标准，正确使用农用车。

三、减少占用耕地建房，避免土地流失

土地就是我们的生命线。全国各地占有耕地粮田建房现象十分严重，导致土地大量流失，如果不加以制止，结果必然就是农民无地可种，我们无粮可吃。

随着经济的发展，农村的生活条件也有了很大改善。许多农民外出打工，挣了不少的钞票，腰包鼓了，银行里有了存

款。农村住房以前多是土坯房,有些还是老式木板房,且十分窄小。随着生活质量的提高,或者子女成家,很多农户需要建房。建新房子改善一下居住条件,这是好事,应该鼓励。但建房需要地,而以前的自然村往往十分拥挤,难以在原宅基地上重建。于是,很多农民就在自家的耕地上建房,导致大片的粮田被占用。

国务院关于制止农村建房侵占耕地的紧急通知已经做出规定,农村建房用地,必须统一规划,合理布局,节约用地。农村社队要因地制宜,搞好建房规划,充分利用山坡、荒地和闲置宅基地,尽量不占用耕地。为了节约用地,要因地制宜选择适当的建筑形式,有的社队受自然条件限制,确实需要动用耕地建房时,要经过批准。具体审批办法,由各地政府按实际情况制订。

全国各地农村都有非法占用耕地用于开发和农民建房的情况,主要有以下几方面:

(1)占用粮田耕地建房构成"田中村",村庄的四周都是粮田和很多农民在村里找不到建房的宅基地,就在村庄的外围占用粮田耕地建房子。

(2)在国道、公路两旁占用粮田耕地建房。在公路边建房,主要是图交通便利,但这样一来就导致大片粮田耕地被占用,还影响到交通安全。

(3)乡村干部对农民占用粮田耕地建房。管而不严,有的地方干脆就是收点钱、罚点款了事。

占用粮田耕地建房,造成大量国有土地资产流失。土地是十分有限而珍贵的自然资源,耕地被乱占滥用,导致土地面积急剧减小,国有土地资产流失严重。起初是个别农户占用耕地违法建房,其他村民争相效仿,结果一发而不可收,违规建房者越来越多,严重扰乱了农村建房的秩序。

国家已经颁布了《关于制止农村建房侵占耕地的紧急通知》，各地方政府也陆续出台了一些政策和法规，但法规需要认真去执行和监督，否则就是一纸空文。保护耕地就是保护我们的生命线，"但存方寸土，留与子孙耕"。

第二节　大力推进农村能源建设

一、什么是清洁能源

地球上的常规能源非常有限，要大力发展新能源。农村利用动植物生长过程中的衍生物做能源前景非常广阔。

什么是"能源"呢？《科学技术百科全书》是这样定义的："能源是可从其获得热、光和动力之类能量的资源。"《大英百科全书》定义为："能源是一个包括着所有燃料、流水、阳光和风的术语，人类用适当的转换手段便可让它为自己提供所需的能量。"从定义可知，能源的范围非常广。地球上的能源多种多样。按使用状况可以分为常规能源（包括煤、原油、天然气等），新能源（包括核燃料、地热能、太阳能等）；按能源成因，可以分为一次能源和二次能源，一次能源指煤、天然气、水能、风能等，二次能源指原油加工品、煤气、电能、火药、沼气等。有些能源，比如雷电能、地震能、火山能、宇宙射线能等还没有被人们开发利用。

那么地球上的能源有多少呢？没人能计算得清，有些人说是取之不尽用之不完，而有些人在担心一旦能源用完，我们人类怎么办。具体情况又是怎么样呢？我们先来看一组数字。现在世界人口早已经突破60亿，比一百年前增加了2倍多，而能源消费据统计却增加了16倍多。无论多少人谈"节约"或"打更多的油井或气井"或者"发现更多更大的煤田"，能源的供应始终跟不上人类的需求。我们现在使用的最主要的能源是煤、石油和天然气等，这些能源数量有限，按照目前的使用速度，只能维持几十年。另外，煤、石油和天然气这些常规能源燃烧会产生巨大的污染，严重影响到人体健康及大自然的生态平衡，因而，无论从环保上还是能源供应上讲，寻找可持续发展的替代能源迫在眉睫。

现在所说的新能源通常指核能、太阳能、风能、地热能、氢气等。核能的潜力非常大，并且污染非常小。目前，一些国家如法国、奥地利、比利时、荷兰等已经关闭其国内的所有煤矿而发展核电，因为核电高效、清洁。其他如太阳能、风能、地热能、氢气等也比较环保，不过目前的利用要少一些。但是，能源清洁化是主流。特别是以后随着环保标准的日益严格，不仅能源的生产过程要实现清洁化，使用也要清洁化。

现在，一些农村开始利用动植物生长过程中衍生的物质做能源，比如牲畜的粪便、农作物的残渣、薪柴、制糖作物、垃圾等。这些物质以前被认为是典型的污染物，或者焚烧，或者掩埋，至于牲畜的粪便则一般是做肥料。这些物质被用作能源，一方面减少了环境污染，另一方面为人类提供了大量资源，因而是一举两得的事。从目前来看，这方面的前景非常大，同时利用技术也亟待提高。

二、风能的开发利用

农村风能的开发与利用主要是在风力资源丰富的农牧区，通过机械装置将风能转化为电能，为农牧民生产、生活提供能源。

风力发电具有常规发电不可比拟的优势，不但可以节约能源，使电力工业走向可持续发展的潜能，还可以促进偏远地区的经济发展。因此，在农村地区，尤其是风力资源丰富而又偏远的农牧地区的生产和生活用电作出了积极贡献,在国家可再生能源开发和利用优惠政策的带动下,发展前景光明。

三、太阳能的开发利用

我国幅员广阔,有着十分丰富的太阳能资源。据估算,我国陆地表面每年接受的太阳辐射能约为 5.0×10^{19} 千焦,各地的太阳年辐射总量达 335～837 千焦/(平方厘米·年),中值为 586 千焦/(平方厘米·年)。近年来,国家通过市场拉动,积极推动太阳能的利用,主要包括:一是太阳能日光温室。利用玻璃、薄膜等材料,建设太阳能日光温室,主要用于反季节种、养业生产。二是太阳能热水器。利用光热转换技术,将水加热供用户使用。三是太阳能光伏发电。利用光伏转换技术,将太阳能转换为独立的电源,主要用于城乡居民生产和生活方面。如太阳能路灯、草坪灯等。应加大推广力度。

(一) 太阳能热水器

我国太阳能热水器的生产和使用自 20 世纪 90 年代后期迅速发展,产量由 2001 年的年生产量 820 万平方米增长到 2005 年的 1.5×10^7 平方米,年均增长 18.7%;总保有量由 2001 年的 3.2×10^7 平方米增长到 2005 年的 7.5×10^7 平方米,年均增长 22.6%。

太阳能热水器技术在中国已经完全商业化,生产企业有上千家,从业人员在 15 万人以上。2005 年中国太阳热水器产业总销售额近 200 亿元,生产能力和保有量均居世界第一,产品已远销欧洲、东南亚、非洲等 30 多个国家和地区,出口额已由 2001 年的 600 万美元增长到 2005 年的 2 000 多万美元。

(二) 太阳房

太阳能房是利用太阳辐射能量来代替部分常规能源,使室内达到一定环境温度或者是给室内的用电器设备供电一种装置。我国到2007年年底已建成被动式太阳房1 500多万平方米,但主动太阳房仅在北京、辽宁等个别地区进行试点,尚未批量建造。随着今后绿色节能建筑的发展,太阳房的应用将会得到进一步发展。

(三) 太阳灶

太阳灶目前在我国西部偏远地区仍有一定的市场,在今后一段时间内还会有一定发展,但需要设计制造出质量好、寿命长、使用更方便的农村用太阳灶。2007年全国太阳灶使用和保有量约为110万台。

(四) 太阳光伏发电

20世纪90年代之后,我国光伏应用领域开始向工业领域和农村应用发展,并被列入国家和地方政府计划。如西藏"阳光计划""光明工程""西藏阿里光明工程"等。进入21世纪,特别是近几年的"送电到乡"工程,国家投资20亿元,安装了20兆瓦光伏发电系统,解决了我国800个无电乡镇的用电问题,推动了我国光伏市场的增长。

(五) 其他方面

自20世纪90年代以来,我国太阳温室有了大规模的发展,大棚种植和养殖已成为设施农业的主要方式,大棚蔬菜种植成为各地农业生产的一项重要内容。通过这些以太阳能利用为主要措施的设施农业的发展,大大丰富了城乡居民的菜篮子,同时也为农民带来了明显的经济效益。随着中国经济的发展,太阳干燥、太阳空调、海水淡化等太阳能热利用,近两年也有不同程度的发展与应用。

实践中太阳能热水器的推广使用仍然存在一些问题:首先,太阳能热水器的安装对建筑防水、承重等方面的影响;居民自行安装不规范,影响城市景观;屋顶所有权存在争议,后期物业管理、维护不方便;高层建筑屋顶采光面积不够,不能满足全部住户使用要求等。因此,如何使太阳能利用设施与建筑融为一体,成为今后太阳能开发利用中需要解决的一个重要问题。被动式采暖太阳房是太阳能热利用中的一种重要形式。其次,长期以来,被动太阳能采暖建筑被局限于农村和能源短缺的边远地区。被动太阳能采暖技术及其应用技术还没有被系统研究并应用于实施建筑节能措施之后的城镇建筑之中。此外,目前太阳光伏发电的初始投资较高,无法在其生命周期内回收,因此单依靠市场经济推动十分困难,今后除了需要进一步加强技术创新和降低成本之外,还需要政府的政策支持。

四、小水电资源开发利用

在我国小水电指装机容量不超过 5×10^4 千瓦的小型水电站。水利部水电局局长田中兴介绍,我国小水电资源区位分布与我国相对贫困人口区位分布基本一致。小水电没有大量水体集中和移民,规模适宜,技术成熟,投资省、工期短、见效快,可就地开发、就近供电,在促进我国中、西部地区,特别是"老""少""边""穷"地区农村的经济社会全面发展中发挥了巨大作用。

农村小水电已成为我国农村经济社会发展的重要基础设施、山区生态建设与环境保护的重要手段,它不仅在增加能源供应、改善能源结构、保护生态环境、减少温室气体排放方面作出了重要贡献,还在电力应急保障中显示了独特作用。例如,在2008年南方低温雨雪冰冻灾害和"5·12"汶川特大地震灾害中,在电力主网主网抢修时,小水电以分散分布的优势迅速供电,减轻了灾害损失,有力地支援了救灾工作。

到2014年年底,全国农村水电装机达到 6.512×10^7 千瓦,年发电量 1 600 多亿千瓦时,约占中国水电装机和年发电量的 30%。农村水电装机容量超过 1×10^6 千瓦的有广东、四川、福建、云南、湖南、浙江、广西、贵州、江西、湖北、重庆等 11 个省市,这些省市农村水电装机容量的总和占到全国的 86.10%。

"十一五"期间,全国建成 432 个更高标准的水电农村电气化县。水电农村电气化县建设,对于改善农村生产生活条件,促进农村经济社会发展、农民增收和生态改善,发挥了重要作用。432 个县 5 年累计解决 90 万无电人口用电问题,户通电率由 2005 年的 98.8% 提高到 2010 年的 99.8%。人均年用电量由 631 千瓦时提高到 1 025 千瓦时,增长 62.4%,户均年生活用电量由 555 千瓦时提高到 798 千瓦时,增长 43.8%。在水电农村电气化县建设的带动下,全国农村水电快速发展,到 2014 年年底装机容量达到 5 900 多万千瓦。"十一五"水电农村电气化县建设,山区群众积极支持,社会各界广泛参与,营造了良好的农村水电建设环境。

五、农村生物质能开发利用

生物质能,就是太阳能以化学能的形式储存在生物质中的能量形式,即以生物质为载体的能量。它直接或间接地来源于绿色植物的光合作用,取之不尽、用之不竭,是一种可再生能源,同时也是唯一一种可再生的碳源。

生物质能一直是人类赖以生存的重要能源,是仅次于煤炭、石油和天然气而居于世界能源消费总量第四位的能源,在整个能源系统中占有重要地位。有关专家估计,生物质能将成为未来可持续能源系统的重要组成部分,到 21 世纪中叶,采用新技术生产的各种生物质替代燃料将占全球总能耗的 40% 以上。

农业生物质能资源包括农作物秸秆、农产品加工业副产品、畜禽粪便和能源作物。农作物秸秆和农产品加工业副产品可用于发电或固体成型，畜禽粪便通常用于发酵制取沼气。在提倡节能减排、新能源开发利用和建设新型农村的社会背景下，发展农村生物质能产业，不仅有利于治理农业面源污染，优化农村环境，还能有效缓解农村能源短缺，促进农村经济社会可持续发展；国家"十二五"规划纲要也要求"大力发展沼气、作物秸秆及林业废弃物利用等生物质能"。但是，我国生物质能利用尚处于起步阶段，面临着原料供给不稳定、自主研发能力弱、配套政策不健全等多方面的困难。

六、沼气资源的开发利用

目前，农村沼气生产的主要资源是禽畜粪便。通过厌氧发酵技术，禽畜粪便在制取沼气的同时，也转化为更加高效、优质的有机肥料。

近年来，中国政府将农村沼气建设作为农村"六小工程"之一，加大了支持力度。在沼气国债项目的示范带动下，全国农村沼气建设呈现加速发展态势。到2007年年底，全国农村户用沼气池保有量达到2 650多万户。

近几年来，对于沼气的利用，除了农村户用沼气池外，主要的形式还有养殖场大中小型沼气工程和村镇生活污水沼气净化工程。农村户用沼气池为各农村用户提供生活用沼气；养殖场大中小型沼气工程和村镇生活污水沼气净化工程，主要是用来处理养殖场畜禽粪便、村镇生活污水，所产生的沼气，可以通过管道向居民集中供应，也可以直接发电，作为动力、照明之用。生活污水净化沼气池的推广，促进了农村和小城镇的环境治理，达到了不耗能、省投资、管理方便和达标排放的效果；大中型沼气工程的建设不仅促进了农业废弃物的综合利用,而且为农村居民和村办工业提供了能源,实现了沼液的综合利用,减轻了环境污染。

此外,沼气技术的发展目标已从"能源回收"转移到"环境保护",沼气的利用不仅仅局限于点灯做饭,已经发展到乡村集中供气和沼气发电,并且开展了沼渣沼液的综合利用,形成了以沼气为纽带的生态家园富民工程,引导农民改变传统的生活和生产方式,提高了农民生活质量。

第十五章 美化农村文化

当代中国乡村文化建设是我国社会主义市场经济条件下，统筹城乡发展，实现中国农村全面发展和文明富裕的重大战略举措。长期以来，乡村文化建设问题就备受党和国家的重视。中国共产党第十六届中央委员会第五次全体会议明确提出了建设"生产发展、生活富裕、乡村文明、村容整洁、管理民主"的社会主义新农村的目标。各级党组织认真贯彻党中央指示，从新时期农村工作的实际出发，坚持贴近实际、贴近生活、贴近群众，采取了许多行之有效的措施，加强和改进了乡村文化建设，促进了农村经济的发展。但是，随着改革开放的不断深入，社会主义市场经济制度的逐步建立和完善、农村经济的不断发展以及城镇化步伐不断加快，乡村文化建设的矛盾日益凸显：一是农民日益丰富多彩的精神追求与物质文明的发展不相适应，二是乡村文化建设的现状与新农村建设的目标仍旧存在较大差距。乡村文化建设已成为社会主义精神文明建设的一个薄弱环节。因此，正确分析当代乡村文化建设中出现的新问题，探求如何加强新乡村文化建设，已经成为理论工作者与实际工作者面临的一个重要课题。

第一节　乡村文化建设的内涵及其重要意义

1996年10月，中国共产党第十四届中央委员会第六次全体会议审议并通过了《中共中央关于加强社会主义精神文明建设若干重要问题的决议》。我国开始进入建设社会主义精神文明的新时期。社会主义精神文明，主要表现为社会生产和人们精神生活的进步与发展，表现为生产劳动、科学、文化知识的发达，人们生活质量的改善，文明程度和人们思想、政治、道德水平的提高；是社会进步在特定区域内的体现。而中国农村的精神文明，则有其特殊的内涵。

一、乡村文化建设的内涵

乡村文化建设作为社会精神文明的重要内容，主要体现在社会生产和农民精神生活的同步发展，农村科学文化知识发达以及农民政治、思想、道德文化水平的提高。乡村文化建设与乡村物质文明建设是相辅相成的关系。一方面，乡村物质文明建设的发展为乡村文化建设提供了物质保障。物质文明的发展，带来了广大农民精神面貌的变化、思想观念的解放，开拓了广大农民的视野，促使其渴求建设新生活。另一方面，精神文明为农村社会主义建设的正确发展方向提供有力的思想保证，精神文明为农村社会主义建设提供智力支持。乡村文化建设为物质文明建设提供了精神动力、智力支持和思想保证。

要真正把握乡村文化建设的科学内涵，首先要了解乡村文化的核心问题。当前，建设乡村社会主义精神文明的核心问题是实现社会主义、共产主义的最高理想。在进行共产主义理想教育的同时，还要进行爱国主义、纪律的教育。要坚持发展物质文明和精神文明，坚持"五讲四美三热爱"，培养有理想、有道德、有文化、有纪律的新型农民。要切实做好思想政治工作，端正方向，把思想政治工作放到重要的位置上。在增强思想政治工作的原则性和战斗性的同时，结合改革开放后农村商品经济的发展，引导农民摆脱小农经济思想的束缚，加强社会主义、集体主义思想教育。大力普及乡村文化科学技术教育，丰富乡村文化生活。

乡村文化建设包括多方面工作。第一，抓好乡规民约的制定。这是乡村文化建设一种好形式，是群众自我教育、自我管理的好方法。第二，要抓好农村集镇文化中心的建设，这是乡村文化建设的重要阵地。办好农村集镇文化中心势在必行。要抓好先进典型。争做五好家庭、模范个人的活动在我国广大农村展开，把中华民族崇尚文明、追求文明、建设文明的行动推向一个新的阶段。

二、乡村文化建设的意义

乡村文化水平影响着社会主义精神文明建设的历史进程。中国几千年来的优秀文化传统，都集中体现在乡村文化上。中华民族固有的那种勤劳勇敢、吃苦耐劳、与人为善、和谐统一等优秀传统美德都在农民身上得到充分的继承和发挥。我国乡村文化建设方面所取得的每一点进步都变成全民族的宝贵财富，推进了整个社会的发展，也推动着社会文明水平的提高。我国广大农村在精神文明建设方面存在的问题，也必然会涉及整个中国，甚至会造成极为恶劣的影响。所以，无论从正面还是反面来说，我们都不能低估乡村文化建设的重要影响。只有将乡村文化建设搞好了，才会使整个社会精神文明建设取得显著进步。

（一）乡村文化建设有利于农村经济发展，实现农村现代化

乡村文化建设包括乡村思想道德建设和科学文化建设，它对农村经济发展的促进作用是全方位的。而实现农村现代化，关键是实现农村经济现代化和乡村文化现代化的统一。乡村文化建设在农村经济发展中的作用集中体现在为经济发展提供正确的思想保证、精神动力和直接的智力支持。

首先，乡村文化建设是保证农村经济发展的正确方向。在

农村社会发展中,精神文明建设与农村经济发展之间的关系有如鸟之双翼、车之双轮,缺一不可。忽视农村经济的发展,乡村文化建设就没有基础;而忽视乡村文化建设,就会使我们农村经济的发展失去正确的方向。这就使得我们必须明确,我们建设的是社会主义的新农村,实现的是社会主义的现代化,这个基本方向不能改变。农村社会的全面进步,必须是物质文明和精神文明建设都要搞好。在这个过程中,我们只有大力加强精神文明建设,才能保证农村经济发展的社会主义方向。

其次,乡村文化建设为农村经济发展提供强有力的精神动力。农村经济发展的快慢,农村经济能否健康发展,取决于多方面的因素,但最重要的因素是人。在农村经济发展的过程中,如果农民素质不高,没有科技意识,没有进取精神和良好的精神状态,那么发展经济的客观条件再好,他们也不会利用;经济也就发展不起来。即使经济一时发展起来了,也可能是畸形或不健康的。没有精神文明作支撑,农民缺乏生产积极性,其精神生活无法得到满足,必然导致社会经济的退步,不利于实现农村现代化。提高农民的科技文化素质,提高他们的思想道德水准,使他们成为具有现代意识的新农民,才能保证农村经济的健康持续发展有不竭的动力。

最后,乡村文化建设为农村经济发展提供智力支持。精神文明建设的一个重要方面是科学技术,而科学技术是第一生产力。在科学技术迅猛发展,我们已步入知识经济社会的今天,经济的发展没有科技知识作后盾是不可想象的。现阶段,我国农民存在科技意识差、科技素质低的现实问题,这也是农村贫穷落后的根源。这种状况与我们建设现代化农村,实现农业现代化是不相适应的。实践证明,在农村经济发展中,科技的作用越来越明显。要大力发展科技教育,普及科学技术知识,培训农民,提高农民的素质,以保证农村经济的发展有强有力的智力支持。只有这样,才能使农村的经济发展有后劲;才能保证农村经济持续快速健康发展,最终实现农村现代化。

(二) 乡村文化建设有利于推动社会主义新农村建设

建设社会主义新农村,是党中央做出的一项重大战略决策。建设社会主义新农村,既要大力发展农村社会生产力,也要切实改变农村面貌,推动农民思想观念、生活方式的转变。而精神文明作为社会主义新农村建设的本质要求,与新农村建设具有辩证关系。一方面,精神文明建设是新农村建设的重要内容,体现出新农村建设的本质要求;另一方面,精神文明建设的有效开展将促进新农村建设,为新农村建设提供智力支持和共同的思想根基。农村的发展、农业的进步,离不开乡村文化的发展。建设社会主义新农村,就必须大力建设乡村文化,提高农民的科学文化素质,转变传统思想文化,构建现代乡村文化。

精神文明建设是新农村建设的本质要求。中国共产党第十六届中央委员会第五次全体会议提出新农村的建设要求是"生产发展、生活宽裕、乡风文明、村容整洁、管理民主",其中的"乡风文明"正是对新乡村文化建设的体现。精神文明是新农村建设的客观需要。随着经济的不断发展、农民收入的不断提高,农民的精神生活也日益需要充实。但是,随着市场经济的不断发展、物质生活的改善,人民的精神需求不断增强。面对经济社会转型期所出现的各种新问题、新情况以及东西方文化思想交流的日益密切,乡村文化建设也出现了许多问题。农村出现封建迷信、"黄、赌、毒"等不良社会现象。这就迫切需要加强精神文明建设,丰富广大农民的精神生活。同时,物质文明建设和政治文明建设也要以一定时代人的道德素质、科学素质以及文化发展状态为支撑。只有重视文明建设系统的协调发展,才能在动态平衡中实现社会文明的进步,"生产发展、生活宽裕、乡风文明、村容整洁、管理民主"也才能得到协调推进。"精神文明,重在建设。"在这样一个机遇和挑战并存的时代,我们必须采取措施,正确面对经济社会转型期出现的新情况、新问题,不断加强乡村文化建设。

精神文明建设将促进新农村建设。在社会主义新农村建设的过程中,精神文明建设具有举足轻重的作用,决定了新农村建设的成败,和农村社会发展的方方面面都具有密切的关系。党中央提出的新农村建设20字目标,都需要精神文明建设的配合与支持。只有精神文明建设切实取得了成效,新农村建设的目标才可能得到实现。在新农村建设过程中,精神文明建设的切实有效开展将促进农村物质文明的发展。在新农村建设的过程中,要想实现生产发展、生活宽裕的目标,单靠发展物质生产资料和生活资料是不够的,因为生产力中生产者始终是最重要的因素,人的行动又是受思想支配的;只有农民的思想觉悟提高了,精神生活丰富了,才能有效促进生产发展。

(三)乡村文化建设推动社会主义和谐建设

精神文明建设对农村和谐发展的作用主要体现在四方面:精神文明建设为构建社会主义和谐农村提供共同思想基础。为构建社会主义和谐新农村提供先进文化力量。可以为农村的和谐发展提供正确的舆论导向和智力支持。为农村社会的和谐发展提供融洽的人际环境,形成文明的乡风。

精神文明建设促进培育社会主义新农民。在新农村建设的过程中,如何培育适应社会主义新农村建设的新农民是决定新农村建设成败的关键。精神文明建设将会提高农民素质,有利于引导和教育农民遵纪守法、提高修养、崇尚科学、移风易俗,使之成为有文化、懂技术、会经营的新型农民。建设社会主义新农村落点在村、重点在农民。为的是农民,靠的也是农民。农民的文化素质、技术能力和思想道德水平,直接决定新农村建设的兴衰，决定新农村建设的成败。农民的知识化、现代化、技能化是新农村建设的前提和条件。精神文明建设可以提高农民的思想道德素质。全面提高人的素质是精神文明建设的内在要求。新农村建设的目标和要求是"生产发展、生活宽裕、乡风文明、村容整洁、管理民主"，这就要求新农村建设的主力军的综合素质应得到提升。

(四) 乡村文化建设影响着社会文明进程

社会主义精神文明建设事关我国社会主义现代化建设的大局。而农民作为我国最广泛的群体，乡村文化建设则事关社会主义建设的成败。我国是一个农业大国，农村人口占我国人口的绝大部分。乡村文化作为社会主义精神文明的重要组成部分，其建设在提高我国农民的整体科学文化素质、思想道德素质方面发挥着不可替代的作用。可以预见的是，全面建设乡村文化，必然对社会精神文明建设具有巨大的推动作用。

社会文明的进程其实就是人全面发展的进程。乡村文化建设关系到农民的全面发展，影响我国社会文明进程，也是我国社会文明的重要标志。高度重视乡村文化建设，重视农民的全面发展，就是大力发展农村基础教育，发展农村先进文化，实现农民的现代化发展。

第二节 当前乡村文化建设的现状及特点

中国共产党第十届中央委员会第三次全体会议以来，我国乡村发生了历史性的深刻变化。随着改革开放的不断深入，经济建设取得重大成就，农村社会面貌发生明显改变，精神文明水平也在不断提高。在农村，亿万农民的思想得到解放，观念不断更新，民主法治意识增强，科学文化素质也不断提高。这充分说明乡村文化建设已经进入了一个新的阶段。

一、当前我国乡村文化建设的现状

新时期的乡村文明建设具有鲜明的中国特色；形象地说是两个文明一起抓，两个成果一起要，口袋脑袋一起富。乡村文化建设始终与物质文明建设紧紧连接在一起，而不是游离于经济建设之外。如文明生态村和文明信用户的活动目的都是一起富。一是高度重视思想道德方面的建设，始终把培育和弘扬伟大的民族精神作为重要任务，把引导农民解放思想作为重要内容，把农村的思想道德建设作为重要内容。二是沿着内外两条线同时展开。在农村内部主要引导农民开展创建文明户、文明村的活动，改善农村环境，增强服务和造福农民的能力。从农村外部主要是着眼于统筹城乡经济发展，大力开展城乡共建、居民共建、"三下乡"、西部助学和送温暖献爱心等活动，引导全社会的力量关心和支持农民，为农民多办好事、多办实事，在共建中传播先进文化，营造一种新的党群关系。三是以亿万农民群众为主体，充分尊重群众的首创精神，引导广大农民自我教育、自我管理、自我服务，逐步转变社会风气，提高社会文明水平。

可以说，自乡村文化建设开展以来，工作取得了很多成就。乡村文化建设使得广大农民解放了思想，转变了观念。健康文明的现代生活已经进入农村。农村精神方面的消费渐多，休闲方式逐渐多样化。"科技兴农""三下乡"等文化活动，提高了农民自身的素质，丰富了农民的精神生活。此外，乡村文化建设也开始逐步制度化、规范化。如许多市县都已经设立了精神文明委员会，指导乡村文化建设。但不可否认的是，现阶段的工作仍有许多不足之处。农村部分地区的精神文明建设存在五不到位的现象，具体包括以下方面：

认识不到位。在某些地方，农村基层干部并没有意识到精神文明建设的重要性,无法把握物质文明和精神文明的辩证关系,出现了各种认识错误。由于这些认识上的错误,许多基层干部根本不重视精神文明建设,或者将精神文明建设当做虚的东西。抓起文明建设来往往是以会议落实会议精神,用文件贯彻文件精神,靠讲话传达讲话精神。

工作不到位。在农村相当一部分地区,宣传思想工作淡化;科普教育工作未能很好落实;农民缺乏开会积极性,更难说得上有组织地学文化科技、学法规,因而难以对农民进行耐心细致的思想教育工作。由于工作不到位,加上一些农村基层干部工作方法简单粗暴,造成群众对思想政治教育不愿听、不理解、不接受,对党的方针、政策、法令、法规不理解。这就使得精神文明建设在一些地区难以开展。

协调不到位。乡村文化建设涉及各行各业、千家万户,必须动员全社会力量步调一致、齐抓共管,但作为协调乡村文化建设的协调机构,县级精神文明建设委员会及其办事机构——县级文明办,由于人员少、经费少,缺乏权威性,难以履行"统筹规划,综合协调,督促检查"的职能;而党政部门间也极难协调,具体反映在管人与管事相脱节,管钱与管事相脱节,无人办事,无权办事。无钱办事的情况在乡村文化建设的组织领导工作中相当突出,部门之间各自职能也极不明确,谁主管谁协调难以落实,没有建立起正常工作运转及其协调机制。

投入不到位。乡村文化建设的顺利进行需要足够的物质保障。精神文明不能光靠精神建设,要解决有钱办事、有人办事的问题。把党的路线、方计、政策贯彻到农村,把市场经济知识、信息传达到农村,都需要相应的阵地、队伍、设施保障。不然的话,乡村文化建设就难以搞好。但这几年,对乡村文化建设的投入偏少,主要表现如下:一是乡村思想宣传阵地萎缩，对农民进行思想教育失去载体，乡村许多地方文化设施年久失修或被废置、被破坏，新增文化设施更难以提到议事日程。二是乡村文化秩序混乱，亟待加强管理。乡村封建迷信、"黄、赌、毒"等现象层出不穷。这些现象对广大农民的负面影响是极大的。三是乡村教育事业被轻视和严重削弱，乡村许多地方的九年义务教育难以普及，不少适龄儿童失学，尤其是农村女童失学严重。

二、我国乡村文化建设的主要特点

乡村文化建设和我国改革开放历程紧密相关。随着改革开放的深化，我国农村已不同于改革开放以前的农村，当前我国乡村文化建设有变革时期的新特点。当前乡村文化建设还处于发展过程，无论是农民的思想道德观念，还是精神文明建设的实际工作，都有许多基本特点。相对以往乡村文化建设而言，当前乡村文化建设具有以下主要特点：

（一）乡村文化建设具有鲜明的中国社会主义特点

我国是社会主义国家，精神文明建设必是社会主义精神文明建设。乡村文化建设从本质上说是中国社会主义精神文明建设的一部分，马克思列宁主义、毛泽东思想、邓小平理论、"三个代表"重要思想以及科学发展观是我国乡村文化建设进程中必须坚持的思想理论武器。我国的乡村文化建设，就是全面贯彻落实社会主义精神文明、构建社会主义和谐社会的重大举措。只有依靠正确的社会主义思想，坚持党的领导路线，我国的乡村文化建设才不会偏离轨道。乡村文化建设的社会主义特点，有利于保证我国广大农村地区政治思想的正确性，保证我国现代化建设沿着正确的社会主义方向前进。由此可见，我国乡村文化建设具有鲜明的中国社会主义特点。

(二) 乡村文化建设目标对象发生深刻变化

乡村文化建设的根本目标是提高农民素质，培养有理想、有道德、有文化、有纪律的"四有"新农民。党中央在第十六届中央委员会第五次全体会议上提出建设社会主义新农村，其工作对象是以农民为主体的广大农村居民。随着农村经济变革和社会变革的深化，乡村文化建设的这一目标对象已经或正在发生着一系列深刻的变化。以农民为主体的农村居民，在发生着前所未有的分化，已分化为不同的利益群体或阶层。典型代表便是农民工群体。这些属于不同利益群体和阶层的农村居民都获得了前所未有的社会解放，其自立、自主、自为和自强的自我意识、主体意识都在一定程度上得到了发展和弘扬，但由于职业利益要求和自我意识发展的不同，这些不同利益群体和阶层往往会形成不同的思维方式、行为方式和生活方式。这就对乡村文化建设把握其目标对象提出了新的要求。农业不断现代化，农村经济不断发展。农民阶层的分化使得现阶段乡村文化建设的目标对象日益复杂化，也对乡村文化建设在把握不同目标对象上提出了更高要求。

(三) 乡村文化建设手段逐渐多样化

乡村文化建设的有效手段，能保证精神文明建设的各项任务真正做到进村、入户、到人，保证乡村文化建设过程中思想道德教育的高效输出。在传统政治体制下，农村基层组织对农民人身有着严格规范，表现在以下方面：农民的组织化程度很高；党的基层组织掌握着农村一切社会公共资源，并可以借助严密的组织体系及其所掌握的社会公共资源，对农民进行严格的规范。这种严格的人身规范保证社会主义意识形态和道德规范的高效输出。但随着改革开放的不断深入，农村发生了一系列转变。家庭联产承包责任制的推行和以村民自治为基础的乡村社会管理体制的确定，使广大农民在经济、政治和社会生活的方方面面都获得了充分的解放与自由，拥有了进行自主选择、自我管理的民主权利。这实际上就意味着农村基层党组织不可能像往常那样凭借严密的组织结构与所掌握的社会公共资源对农民进行管理教育。这就给农村基层党组织及其所领导的村民自治组织提出了新的时代要求。要在充分发挥其积极领导与管理作用的前提下，使广大农民特别是年轻一代的农民从经济事务和乡村公共事务的自治走向道德上的自律，进而提高乡村文化水平。

第三节　当前乡村文化建设的举措

我们在分析了乡村文化建设的基本内涵与基本特点，了解了乡村文化建设的现状及主要问题后，就要从宏观上、整体上探索加强乡村文化建设的基本思路和对策。乡村文化建设是一个非常复杂的社会系统工程，它涉及农村方方面面的工作，我们需要采取综合治理的方法。根据我国乡村文化建设的现状问题及特点，当前应做好以下几方面的工作：

一、构建中国梦，提高农民的思想道德素质和科学文化素质

中国梦是社会主义意识形态的本质体现，是全党、全国各族人民团结奋斗的共同思想基础。因此，乡村文化建设首先要构建社会主义价值体系，牢牢把握和坚持马克思列宁主义、毛泽东思想、邓小平理论、"三个代表"重要思想、科学发展观等社会主义先进思想理论，解决由社会转型和市场经济发展带来的思想混乱、价值多元化问题，构建具有中国社会主义特色的乡村文化。

在乡村文化建设中，要坚持不懈地进行爱国主义、集体主

义和社会主义教育。深入开展爱国主义、集体主义和社会主义教育，是乡村文化建设的重要内容。要教育农民认清社会主义制度的优越性，引导广大党员干部和农民群众树立建设中国特色社会主义的共同理想和正确的世界观、人生观、价值观，在全社会大力倡导社会主义、共产主义的思想道德。针对目前乡村思想道德建设领域的实际情况，要教育、引导农民坚持共同富裕的发展方向，正确处理好社会主义市场经济条件下的国家利益、集体利益和个人利益三者之间的关系，避免个人利益与国家利益、集体利益发生冲突。要引导农民自觉履行纳税、报名参军等各项义务，为发展集体经济、改变家乡面貌做贡献。引导农民讲文明、讲礼貌、讲信誉，逐渐形成和谐的人际关系、良好的社会秩序和健康的社会风气。在农村广泛开展"三德"教育，使农民真正树立起正确的社会公德、职业道德以及家庭美德观念，为构建社会主义和谐社会贡献自己的力量。

提高广大农民的科学文化素质是建设社会主义精神文明的一个重要内容，也是搞好乡村文化建设的基础。首先，要切实抓好农村的基础教育。特别要认真搞好农村特别是偏远地区的"普九"规划和实施工作。只有切实搞好农村的基础教育，我们才能从根本上遏制新文盲、新愚昧的产生。大力开展农村的各种文化技术培训教育。乡村文化落后，劳动者素质偏低，是影响和制约农村经济发展和社会进步的一个根本原因。加强对农民群众的文化技术培训教育，一定要切合农民的生产生活实际，寓教育于农民的致富之中。以提升素质为支撑，增强乡村文化建设的主体意识。农民是农村建设的主体。没有高素质的农民，就没有文明的农村社会。近年来，广大农民的思想素质已经有了较大提高，但仍存在政治意识淡化、组织观念弱化、封建迷信抬头以及铺张浪费、赌博等问题。特别是极少数人无视国家和集体利益,个人至上、金钱至上、利益至上等。针对这些问题,应重点开展以下工作:一是政策宣传教育。要把对广大农民的政策教育摆到突出位置,让农民了解政策、掌握政策,真正成为政策的受益者。二是现代科技教育。农村干部群众既要富口袋,也要富脑袋。要认真组织好科技下乡,大力普及科技知识,帮助农民走科技致富之路。同时,大力开展"反对封建迷信、崇尚科学"等活动,教育农民摒弃旧风旧俗和各种恶习,用科学思想、科学知识占领农村思想文化阵地。三是集体观念教育。乡村文化建设要切实承担起增强农民集体主义观念的职责,教育农民树立发展集体、共同致富的观念,夯牢乡村文化建设的思想基础。四是民主法制教育。要大力落实民主管理制度,提高农民群众的民主意识和参政议政热情。要引导农民群众认真学法,做知法、守法的公民,树立乡村文化新风尚。

二、加大对农村的投入,为乡村文化建设提供坚实的物质保障

我国已处于经济发展的新阶段,可以实行城市支持农村、工业反哺农业的阶段。我们要想方设法建立一条获取稳定、可靠、多方面建设乡村文化资金来源的渠道,为乡村文化建设提供坚实的物质保障。

一是要大力推进乡村文化设施建设。以政府为主导、乡镇为依托、村为重点、户为对象,发展县(市)、乡(镇)、村文化设施和文化活动场所,构建乡村公共文化服务网络。要整合村级组织活动室、图书室、文化活动室以及广播电视"村村通"工程、文化信息资源共享工程、远程网络教育接收点,着力构建农村公共文化服务体系。二是要大力发展乡村社会事业。完善乡村公路、广播、通信、电网设施,加大乡村沼气综合利用技术的示范推广力度,抓好农田水利基础设施以及防灾减灾体系建设。进一步落实乡村义务教育政策,完善乡村教育基础设施的建设,健全中职学校困难家庭学生助学制度,开展城区与农村学校对口帮扶活动和多形式支教活动。实施乡镇卫生院改造提升工程,进一步扩大新型农村合作医疗的覆盖面,提高参合率,规范完善运作机制。三是要大力推进环境整治。认真开展家园清洁行动,突出解决农具乱放、柴草乱堆、垃圾乱倒、脏水乱泼、畜禽乱跑等"五乱"问题。四是要根据农村实际和农民特点,改进工作方式方法,变"说教式为沟通式、灌输式为服务式、空泛式为实效式",切实增强工作实效。五是要切实深化各类创建活动。要开展文明村镇、文明户、五好家庭等多种形式的创先争优活动,对积极响应精神文明建设的集体和个人进行物质和精神奖励,推动精神文明建设进村入户。六是要充分发挥典型示范作用。要从群众身边选典型,依靠群众推典型,树立一批有时代特征、有不同层次、有群众基础的先进典型,通过典型带动影响一批农民。同时,要充分发挥基层党组织和党员的先锋模范作用,推进乡村文化建设步伐。七是要不断创新活动形式。要坚持"三贴近"的原则,采用丰富多彩又健康向上的、群众喜闻乐见的文体形式,在农村开展多种形式的社会主义文娱活动,并保证文娱活动的资金来源,让农民在潜移默化中接受教育、受到熏陶。

三、党政齐抓共管,加强乡村文化建设的组织领导

各级领导干部要转变观念,正确认识乡村文化建设的重要意义,按照党中央的有关精神,明确现阶段精神文明建设的主要任务,加强党对乡村文化建设的领导。

(一) 坚持三个文明一起抓

我国现处于并将长期处于社会主义初级阶段。社会主义初

级阶段的根本任务就是解放和发展生产力，发展壮大经济。这是解决国内、国外一切矛盾的首要条件，也是解决农村所有问题的前提和基础。因此，大力发展农村经济，不断增加农民收入，使农民得到更多的实惠，仍然是现阶段农村建设的主要任务。只有乡村物质文明建设好，才能使乡村文化建设建立在一个坚实的基础之上。只有物质文明、政治文明和精神文明三者全面协调发展，才能使农民群众的经济、政治和文化利益得到充分的实现。因此，必须坚持三个文明一起抓，推动农村的全面进步。以推进发展为根本，夯实乡村文化建设的经济基础。

（二）完善组织领导体系，切实落实乡村文化建设

在乡村文化建设过程中，各级领导干部实行"一岗两责"制度，即无论在哪一个岗位上的领导干部，都要对本单位的两个文明建设负总责、负全责。建立全员思想政治工作制度，即发动全体干部和群众人人做思想工作。干部带着群众走；党员干部率先垂范，起到良好的带头作用。为使精神文明建设落到实处，必须调动广大农民群众的积极性，使群众在集体参与中受到教育、获得收益。既要重视精神文明的硬件建设，也要重视精神文明的软件建设。软件和硬件的关系是辩证统一的。在精神文明建设中，二者缺一不可。要真正对物质文明建设与精神文明建设的规划一起制订，两项任务一起部署，两个指标一起考核，两个方面的工作一起检查。要通过党的组织，把乡村文化建设的任务指标落实到乡镇、村的责任制中去，并建立全面、科学的考核体系，把考核结果作为干部任用和奖惩的基本依据。各级领导干部，尤其是农村基层干部要起模范带头作用，必须牢记全心全意为人民服务的宗旨，以健康良好的心态为党工作、为人民工作，不能以一时的得失而左右自己的工作情绪，更不能贪污腐化、以权谋私、作威作福、欺压百姓。共产党员、领导干部在精神文明建设中不仅要成为积极的组织

者,而且要成为实践的带头人,从自己做起,从现在做起,为乡村文化建设做出应有的贡献。当然,对从事精神文明建设工作的同志,工作上要关心,生活上要照顾,尽力帮助解决困难,使他们振奋起精神。

四、妥善把握和处理乡村文化建设过程中的各种关系问题

乡村文化建设涉及的关系非常复杂,当前要特别注意处理好以下几对重要关系。

(一) 正确处理精神文明建设和经济建设的关系

正确处理物质文明和精神文明建设的关系,是社会主义精神文明建设应遵循的基本规律。乡村文化建设也应遵循这一基本规律,处理好和乡村经济建设的关系。乡村文化建设必然服务、服从于经济建设这个中心。这里,服务与被服务的位置不能颠倒,服从的主客体不能易位。乡村经济发展和乡村文化建设是衡量乡村社会进步的两把重要尺度,是推动乡村社会现代化事业的两个互相联动的轮子。乡村经济的发展离不开乡村文化建设,大力开展乡村文化建设是乡村经济发展的客观要求,是促进乡村经济发展的思想保证、精神动力和智力支持;而要进行乡村文化建设又必须以大力发展乡村经济为前提条件。通过发展乡村经济,为乡村进步和全面发展提供新的强大动力,又为精神文明建设提供新的契机,注入新的活力。

(二) 正确处理精神文明建设中思想教育和法制建设的关系

教育不是万能的,乡村文化建设不能仅靠舆论力量和个人的信念来维系,而必须依靠法制建设,依靠严格的依法管理。只有把自律和他律、提倡与禁止、软性约束和硬性约束相结合,才能形成良好的行为习惯,制止不文明的行为,形成良好的社会风气。邓小平提出,"我们现在搞两个文明建设,一是

物质文明,一是精神文明。实现开放政策,必然会带来一些坏东西,影响我们的人民。要说风险,这是最大的风险。我们用法律和教育这两个手段来解决这个问题"。乡村文化建设的实践表明,农村中优美环境、优良秩序、良好风气的形成,要靠教育与法制的结合;要靠严格的管理;要在坚持不懈地对农民进行思想教育的同时,切实加强管理,特别是完善法律制度及约束恶行、惩治恶行的刚性约束机制;要将制度的刚性与法律的刚性有效结合。

(三) 正确处理灌输式教育和自我教育两种方式的关系

社会主义精神文明受经济发展制约,受社会成员不同思想觉悟与道德水平的影响。教育农民是乡村文化建设的最有效手段和主要途径。教育农民必须坚持灌输原则,因为农民不可能自发产生社会主义思想,只能自发产生私有观念和小农意识。社会主义思想和正确的伦理道德观念必须通过灌输,通过社会倡导才能注入每个农民心灵之中。在对农民实施教育的过程中,不能仅将农民视为被动的受教育的客体对象,而应将他们视为精神文明建设的主体依靠力量。改革开放以来,我国广大农民创造了许多自我教育的有效形式,从而呈现出村民讲道德,村貌美观,村风、民风和社会治安形势有明显好转,家庭和睦,邻里团结,党群、干群关系融洽,群众文化生活丰富多彩的好现象。农民自我教育活动的蓬勃展开为乡村文化建设注入新的活力,有力地推动了农村两个文明建设。

五、建立和完善乡村文化建设制度

乡村文化建设重在坚持,贵在落实。加强乡村文化制度建设是保证乡村文化建设收到实效的重要手段。精神文明建设无章可循;精神文明建设工作者肩上无担子,胸中无目标;精神文明建设成就缺乏必要的检验手段;广大农民群众视精神文明建设与己无关，自然会影响乡村文化建设的成效。

（一）建立乡村文化建设的激励机制

乡村文化建设的激励机制，是运用心理学原理，利用物质激励和精神激励等形式，调动人们自觉参与乡村文化建设的积极性，保证乡村文化建设的目标能够顺利实现的外在动力机制。党支部、村委会将激励机制引入乡村文化建设，就能够使村委干部和居民始终保持亢奋的状态和竞争的活力，由此形成乡村文化建设的强大推动力。以健全的激励机制为保障，形成乡村文化建设的强大合力和张力。此外，通过各种形式的激励方式，还可以充分发挥农村各个主体在精神文明建设任务中的创造力和创新力。

（二）健全乡村文化建设中基层干部的责任、考核和投入机制

当前极少数农村基层领导干部对精神文明建设工作重视不够，这主要表现在以下方面：一是责任意识不够。基层领导干部往往责任意识淡化，认识不够。"一手硬，一手软"的现象仍然存在。二是经费投入不足，导致基层活动开展难、宣传阵地建设难、工作取得实效难等。要解决这类问题，必须建立健全长效机制，形成推进工作的整体合力。首先，要建立健全责任机制。把各级党组织领导干部作为第一责任人，形成乡镇、村两级主要领导亲自抓、分管领导负责抓、职能部门具体抓、党政工团齐抓共管、"一级抓一级、层层抓落实"的良好格局。其次，建立健全考核机制。突出量化硬性指标，像考核经济指标一样考核精神文明建设，组织定期检查、定期奖惩兑现、定期公布考核结果。把加强精神文明建设工作成效作为衡量各级党组织和领导干部执政能力及政绩的重要标准，纳入年度考核之中。最后，建立健全投入机制。县（市）、乡（镇）两级财政设立文化建设专项资金，鼓励社会力量支持文化建

设，拓宽文化建设的投资渠道，形成多元化的投资格局，为加强乡村文化建设提供有效保障。

(三) 结合农村实际和农民切身需要，创新工作方式

创新是一个民族进步的灵魂，是一个国家兴旺发达的不竭动力。经过30多年的改革开放和经济发展，农村面貌发生了很大的变化，农民观念有了很大的进步，但是农村工作方式仍旧比较落后。如果不改变方式方法，仍旧沿用老套套、老方法，那么工作就很难有起色，就会出现"热在县里，冷在乡里，僵在村里"的现象。近几年来，各地推行的一些活动就足以说明了这一点。因此，必须根据时代的发展，结合农村的实际情况，采用农民喜闻乐见的形式，积极对乡村文化建设的工作方式进行创新。利用现代的科学技术手段和方法大力推进乡村社会主义精神文明建设。特别是现阶段农民群众自发开展的文化活动日趋活跃，民间资金投入乡村文化设施建设方兴未艾。我们必须加以支持、利用，促进乡村文化的繁荣。

参考文献

陈宏源. 2011. 新农村常用民俗知识读本 [M]. 芜湖：安徽师范大学出版社.

陈文珍，叶志勇. 2010. 社会主义新农村文化构建 [M]. 长沙：湖南师范大学出版社.

彭飞龙，陆建锋，刘柱杰. 2015. 新型职业农民素养标准与培育机制 [M]. 杭州：浙江大学出版社.

范光年. 2008. 新型农民素养读本 [M]. 石家庄：河北科学技术出版社.